図書館100連発

岡本 真
ふじたまさえ

青弓社

図書館 100 連発
目次

目次

「ライブラリー・リソース・ガイド」について ……………………………… 012

まえがき　岡本 真 ……………………………………………………………… 013

File **001**　観光パンフレットで
「知る」から「行く」までの情報を提供
三重県立図書館［三重県］ …………………………………………… 016

File **002**　図書館でバードウォッチング
たつの市立揖保川図書館［兵庫県］ ………………………………… 017

File **003**　「他フロアへの導線問題」を解決した
"資料の出張所"
浜松市立中央図書館［静岡県］ ……………………………………… 018

File **004**　書庫資料に、出番を
箱根町社会教育センター図書室［神奈川県］ ……………………… 019

File **005**　POP活用で実現、
資料紹介コーナーの省スペース化
浜松市立中央図書館駅前分室［静岡県］ …………………………… 020

File **006**　ソフトのパッケージ展示で、
デジタルメディアをわかりやすく
山口市立中央図書館［山口県］ ……………………………………… 021

File **007**　地域資料の収集をMLAK連携で充実化
多治見市図書館［岐阜県］ …………………………………………… 022

File **008**　デジタルアーカイブで変わる自治体広報誌
富士見市立図書館［埼玉県］ ………………………………………… 023

File **009**　「目には目を」メガネの名産地では、
ビジネス支援もメガネ資料で
鯖江市図書館［福井県］ ……………………………………………… 024

File **010**　地域資料をつくるのも、図書館の新しい仕事
愛荘町立愛知川図書館［滋賀県］ …………………………………… 025

File 011　地域へ出ていき資料をつくる
　　　　　情報創造型図書館
　　　　　練馬区立南田中図書館［東京都］…………………………………… 026

File 012　図書館に、一箱の美術館を
　　　　　六花文庫［北海道］………………………………………………… 027

File 013　利用者とともに戦う
　　　　　「雑誌入れ替え戦！」
　　　　　蔵王町立図書館［宮城県］………………………………………… 028

File 014　もうご法度とは言わせない。
　　　　　音楽が流れる図書館
　　　　　東近江市立永源寺図書館［滋賀県］……………………………… 029

File 015　「図書館でネットしよう」をスタンダードに
　　　　　軽井沢町立離山図書館［長野県］………………………………… 030

File 016　パソコン専用席に、セキュリティーを
　　　　　横浜市中央図書館［神奈川県］…………………………………… 031

File 017　レアな情報求めて分館へ。
　　　　　雑誌ファンの心をつかむ「バックナンバー展示」
　　　　　富山市立八尾図書館ほんの森［富山県］………………………… 032

File 018　カードケースの有効活用で、
　　　　　配布物は、もう曲げない
　　　　　奈良県立図書情報館［奈良県］…………………………………… 033

File 019　「こんな調べ物できます」
　　　　　レファレンス展示
　　　　　福井県立図書館［福井県］………………………………………… 034

File 020　本との出会いをつくり出す
　　　　　「としょかん福袋」
　　　　　蔵王町立図書館［宮城県］………………………………………… 035

File 021　駅コンコースの
　　　　　貸出カウンターで利便性向上
　　　　　札幌市中央図書館大通カウンター［北海道］…………………… 036

目次

File 022 無人貸出・返却で
長時間利用を可能に
高槻市立図書館駅前図書コーナー［大阪府］……… 037

File 023 コンビニ感覚で本を返却
水俣市立図書館［熊本県］……… 038

File 024 トークイベントで図書館を「知の舞台」に
鯖江市図書館［福井県］……… 039

File 025 地域イベントに図書館を「出前」
岩見沢市立図書館［北海道］……… 040

File 026 図書館と専門機関が連携。
ビジネスで使える「技術書棚」
山口県立山口図書館［山口県］……… 041

File 027 美術館と連携した展示で、
集客・利便性をアップ
多治見市図書館［岐阜県］……… 042

File 028 移動図書館に法テラスが同行
南三陸町図書館［宮城県］……… 043

File 029 + File 030
館内に本の注文票を設置
田原市中央図書館［愛知県］／白河市立図書館［福島県］……… 044

File 031 図書館利用カードで
利用者の相互乗り入れ
村山市立図書館［山形県］／北中城あやかりの杜図書館［沖縄県］……… 046

File 032 美術館に行ったら画集は図書館で。
地域で推進するMLAK連携
熱海市立図書館［静岡県］／郡山市中央図書館［福島県］／島根県立図書館［島根県］……… 048

File 033 友好都市、その理由も図書館で
白河市立図書館［福島県］……… 050

File 034 "まとめ読み"の強い味方！
郷土雑誌のバックナンバーを開架提供
山梨県立図書館［山梨県］……… 051

File **035** 図書館活動のアーカイブは、未来のヒント集
洲本市立洲本図書館［兵庫県］／神埼市立図書館［佐賀県］……………052

File **036** 中継DVDの貸出で、市議会をオープンに
村上市立中央図書館［新潟県］……………054

File **037** DAISY図書の必要性を、子どもたちにも
島根県立図書館［島根県］……………055

File **038** 観光パンフレット収集で、
いい旅、そろってます
佐賀市立図書館［佐賀県］……………056

File **039**「私たちはこんな図書館です」
エントランスで自己紹介
伊勢市立小俣図書館［三重県］……………057

File **040** 休館日のガッカリを
緩和する情報発信術
南風原町立図書館［沖縄県］……………058

File **041** 子ども扱いしない分類サイン
嘉手納町立図書館［沖縄県］……………059

File **042** 書架に「らしさ」を
西ノ島町立中央公民館図書室［島根県］……………060

File **043**「みんなでつくる」が実感できる図書館づくり
海士町中央図書館［島根県］……………061

File **044** 住宅地図のコピー問題、
解決策を図書館で案内
三島市立図書館［静岡県］……………062

File **045** 新聞書評、「地元の本」にもっと光を
千葉市中央図書館［千葉県］……………063

File **046** データベースの価値を活用法とともにアピール
沖縄県立図書館［沖縄県］……………064

File **047** 青空文庫の表紙コンテスト
仁愛女子短期大学附属図書館［福井県］……………065

目次

File 048 ゴミになるレシート芯、アイデア次第で大変身
甲府市立図書館［山梨県］／桑名市立中央図書館［三重県］／
三島市立図書館［静岡県］／白河市立図書館［福島県］ ……… 066

File 049 好奇心をスイッチに
「誰も読んでいない本フェア」
苫小牧市立中央図書館［北海道］／国際基督教大学図書館［東京都］ ……… 068

File 050 書庫の本？
いいえ「蔵出し展示」です
多治見市図書館［岐阜県］ ……… 069

File 051 「例規」のウェブ版、きちんと橋渡し
高山市図書館煥章館［岐阜県］ ……… 070

File 052 ライトノベルを本の世界の入り口に
秋田市立中央図書館明徳館［秋田県］ ……… 071

File 053 地域資料を地図で案内
播磨町立図書館［兵庫県］ ……… 072

File 054 その機内誌・車内誌、
ここでしか読めません
長崎市立図書館［長崎県］ ……… 073

File 055 書庫内での避難指示を床に
愛媛大学図書館［愛媛県］ ……… 074

File 056 子どもにもブックバスケットを
多治見市図書館［岐阜県］ ……… 075

File 057 コミュニティーバスで図書館案内
浦安市立中央図書館［千葉県］ ……… 076

File 058 オンラインデータベースの案内を
パソコンの壁紙に
紫波町図書館［岩手県］ ……… 077

File 059 選定されなかった教科書も収集
瀬戸内市牛窓町図書館［岡山県］ ……… 078

File 060 友好都市の広報誌を展示
安曇野市中央図書館［長野県］ ……… 079

File **061**	雑誌用書架を行政情報コーナーに転用	
	琴浦町図書館［鳥取県］	080
File **062**	フリーペーパーの積極的収集	
	射水市新湊図書館［富山県］	081
File **063**	「他巻書庫」の表示	
	白河市立図書館［福島県］	082
File **064**	AV（視聴覚）資料にも地域色を	
	大洲市立図書館［愛媛県］	083
File **065**	司書が地域資料を制作	
	今治市立中央図書館［愛媛県］	084
File **066**	教科書センターに検定意見書・修正表も	
	静岡市立中央図書館［静岡県］	085
File **067**	カフェメニューに見立てたテーマ展示	
	恩納村文化情報センター［沖縄県］	086
File **068**	県内自治体の広報誌を目立つところに	
	和気町立佐伯図書館［岡山県］	087
File **069**	新着の寄贈資料を紹介	
	長岡市立寺泊地域図書館［新潟県］	088
File **070**	福袋の中身公開展示	
	皇學館大学附属図書館［三重県］	089
File **071**	新聞で見る昔の今日	
	安城市中央図書館［愛知県］	090
File **072**	本箱を展示器具に活用	
	四日市市立図書館［三重県］	091
File **073**	行政資料の一覧リストを提供	
	萩市立萩図書館［山口県］	092
File **074**	書籍とDVDをセットで展示	
	綾川町立生涯学習センター（綾川町立図書館）［香川県］	093
File **075**	貴重資料をコピーで見せる	
	西条市立西条図書館［愛媛県］	094

目次

File 076 科学書を読ませる工夫
神奈川県立川崎図書館［神奈川県］……… 095

File 077 作家名の見出し板にひと工夫
長岡市立寺泊地域図書館・西地域図書館［新潟県］……… 096

File 078 館内で移動図書館車を
PRするコーナー
浦添市立図書館［沖縄県］……… 097

File 079 郷土にまつわる作家名の見出し板を工夫
西条市立西条図書館［愛媛県］……… 098

File 080 利用マナーアップを呼びかける
啓発的ポスター
原村図書館［長野県］……… 099

File 081 デザインが持つ"伝えるチカラ"
三田市立図書館［兵庫県］……… 100

File 082 館内にある子育て資料をマップで展示
千葉市中央図書館［千葉県］……… 101

File 083 本を大切にしてもらう
マナーアップの呼びかけ方法
長崎市立図書館［長崎県］……… 102

File 084 公開書庫の本棚にPOP
共立女子大学・共立女子短期大学図書館［東京都］……… 103

File 085 「禁止」からの巧みな脱却
里庄町立図書館［岡山県］……… 104

File 086 大人の社会科見学図書館ツアー
上田市立上田図書館［長野県］……… 105

File 087 マステでおしゃれに
塩尻市立図書館／えんぱーく［長野県］……… 106

File 088 書店売れ筋も紹介
市立大町図書館［長野県］……… 107

File 089 これぞ、レファレンス！
市立須坂図書館［長野県］……… 108

File 090 文学全集に収録作家を明示
　　　草津町立温泉図書館［群馬県］ ······· 109

File 091 友好都市のプロフィールをひと言紹介
　　　日出町立図書館［大分県］ ······· 110

File 092 学習席に図書館報
　　　筑西市立中央図書館［茨城県］ ······· 111

File 093 イベント案内を手紙で
　　　筑西市立中央図書館［茨城県］ ······· 112

File 094 著者名表示に代表作を
　　　藤枝市立駅南図書館［静岡県］ ······· 113

File 095 ストーリーづくりを重視した雑誌スポンサー制度
　　　島田市立島田図書館［静岡県］ ······· 114

File 096 リーディングトラッカーの館外貸出
　　　恩納村文化情報センター［沖縄県］ ······· 115

File 097 移動図書館車に時計を設置
　　　小郡市立図書館［福岡県］ ······· 116

File 098 持ち運べるフロアマップ
　　　新居浜市立別子銅山記念図書館［愛媛県］ ······· 117

File 099 読み聞かせも！
　　　究極の宅配ボランティア
　　　富士見町図書館［長野県］ ······· 118

File 100 個人でもなれる雑誌スポンサー
　　　阪南市立図書館［大阪府］ ······· 119

図書館システム座談会　吉本龍司／ふじたまさえ／岡本 真 ······· 120

図書館系業務実績一覧 ······· 134

あとがき　岡本 真／ふじたまさえ ······· 137

装丁・本文デザイン──スタジオ・ポット［山田信也］

「ライブラリー・リソース・ガイド」について

特集「図書館100連発」を所収する「ライブラリー・リソース・ガイド（LRG）」は以下のとおりです。購入をご希望の方は刊行元であるアカデミック・リソース・ガイドにご連絡いただくか、「Fujisan.co.jp」でお買い求めください。

アカデミック・リソース・ガイド問い合わせ先
lrg@arg-corp.jp
045-550-3553（ふじた）

File001—100：「LRG」創刊号、アカデミック・リソース・ガイド、2012年
File101—200：「LRG」第4号、アカデミック・リソース・ガイド、2013年
File201—300：「LRG」第9号、アカデミック・リソース・ガイド、2014年
File301—400：「LRG」第14号、アカデミック・リソース・ガイド、2016年

まえがき

岡本 真

　本書には、図書館の運営で活用できるアイデアが、文字どおり100個詰まっています。その多くは、今日からでも始められる手軽なアイデアです。そして、それはいまも日本のどこかの図書館で実践されているものです。

　この「図書館100連発」というコンセプトは、私が代表を務めるアカデミック・リソース・ガイド株式会社の活動のなかで生まれた企画です。「アカデミック・リソース」とは、学術資源を意味します。私たちは学術的な知見を民間企業に広めるために多角的に活動している会社であり、それにはライフワークとして図書館の整備・運営コンサルティングも含みます。

　日本中の図書館には、図書館員のみなさんの不断の努力によって蓄積された膨大な量の学術資源があります。例えば、機能の純化・集約化のために神奈川県による閲覧・貸出サービスの廃止・検討が問題になった神奈川県立図書館には「戦時文庫」という資料があります。戦時下の日本の文部省が戦意高揚策として配本していたものを集めて文庫にしているのです。『英国敗走兵の手記』（リィ・ワアナア、本多喜久夫訳、新興音楽出版社、1941年）などの資料は、当時の対外的膨張政策がどのように国民に刷り込まれたか、政治プロパガンダの実態を克明に物語る貴重な資料です。

　私たちはこうした学術資源が利用者である市民に適切に提供される環境を、図書館運営に携わる方々とともに考え、インターネットサービスの企画・開発・運用、研修開発、コンサルティングなどをとおして、展開している民間企業です。

　その活動のなかで、私は約1,500館を超える図書館を視察し、図書館のいまを見つめてきました。そのなかには、驚かされるようなアイデアがたくさんありました。例えば瀬戸内海に浮かぶ香川県の離島・男木島の男木島図書館です。

　男木島は、高松港からフェリーで約40分、高松市の沖合約7キロにある、人口172人（2017年4月現在）の島です。この島には公立図書館が存在しません。男木島図書館は、島にIターンした福島県出身のウェブデザイナー・額賀順子さんのプロジェクトとして始まった、特定非営利活動法人男木島図書館が運営しています。

男木島図書館の名物は、島の手押し車・オンバによる移動図書館です。男木島は坂道の路地が複雑に入り組んで生み出される独特の町並みを持っていることから、島の人々は古くからオンバという手押し車を使い、日常的な荷物の運搬に使用してきました。これを移動図書館に使おうというアイデアが、男木島図書館を地域の文化に溶け込んだ、地域の人々によって生まれた図書館にしているのです。

　島の外の人から見れば斬新かもしれません。しかしこの島にとってオンバで移動図書館をすることは、日常の延長上の小さな工夫なのです。オンバによって本が運ばれてくる風景は、いまとなっては男木島図書館ならではのものになっています。

　男木島図書館のプロジェクトもそうですが、運営資金をクラウドファンディングによって集めるという動きも活発です。島根県松江市雑賀町にある曽田文庫は、米田孟弘さんによって創設された古民家を活用した私設図書館です。地域の多くの人々が本に触れることができる環境をつくるべく、米田さんは自費で図書館を始め、現在は5,000冊を超える蔵書があります。

　島根県では、山間部の深刻な人口減少によって書店が存続できず、さらに地方公共団体も財政難から図書館を増やすことができないため、住民が本を手にする機会がないという社会問題が発生しています。同図書館はこの問題を解決するため、島根県山間地域に分館をつくろうと試みたのです。そして、分館のための建築費用、図書の購入費用の不足分をクラウドファンディングサービス「Readyfor」(https://readyfor.jp/)で調達しました。

　結果として、目標金額を大きく上回る約200万円もの資金を集めることに成功しました。曽田文庫は静かに読書をする場でありながら、人々の交流の場にもなっていて、地域のコミュニティーを支えるうえでなくてはならない存在になっています。

　日本中を駆け巡っていろんな図書館を見ていくと、こうした様々なアイデアと出会います。そして、実際に足を運んで気づいたことは、すべてがすばらしい図書館というものは、一つもないということです。

　メディアで取り上げられるような現代的な図書館も、もちろんすばらしい

面は多々あれど、そのすべてが何の疑いもなくすばらしいということはありません。同時に、どこにでもあるような「普通の図書館」に何もすばらしいところがないということも、ありません。すべての図書館には必ず課題があり、キラリと光る独自のアイデアがあるのです。

そして私はいつしか、そうしたいいアイデアを図書館業界全体で共有できるようなメディアがあるといいと考えるようになり、図書館関係者のための業界誌「ライブラリー・リソース・ガイド」（以下、「LRG」と略記）を創刊しました。そこで企画として生まれたのが「図書館100連発」だったのです。"100連発"とはつまり、テクニックやアイデアが100個集まっているということです。一つひとつは小さな知識でも、100という数が集まることで、大きな価値になります。

この名称の由来は、私も発起人の一人である、日本で最大の"野生"の研究者たちのコミュニティー・ニコニコ学会βの発表企画「研究100連発」がヒントになっています。小さな研究でも100個発表することに大きなインパクトがある。それを図書館で実践したのが、図書館100連発だったというわけです。

図書館の財務状況はいまなお決していいとは言えない状況が続いています。しかし、できないことを数えるよりも、いますぐできるいいことを実行していくことで、確実に利用者は増え、それが図書館そのものの発信力を上げていくことにつながると思います。

本書に収めている、図書館を「ちょっとよくしている」100のアイデアで、日本中の図書館が少しずつよくなること。そうして日本の図書館の底上げの一助になれば幸いです。

File 001

観光パンフレットで「知る」から「行く」までの情報を提供

三重県立図書館
[三重県]

　三重県立図書館は、テーマ展示として図書だけではなく新聞や雑誌など、多種多様な資料を展示しているのが特徴だ。特に震災をテーマにした展示コーナー「東北を知ろう、東北へ行こう」では、図書、新聞、雑誌、現地での写真、ボランティア活動の報告や活動の手引など、あらゆる角度からの情報を提示している。

　さらに、ただ「知る」ためだけの情報提供にとどまらない。三重県立図書館は、実際に東北に「行く」ために必要な情報である観光パンフレットの展示・提供を徹底している。公共施設が営利企業の商品を紹介することは、公平性の観点からなかなか踏み切れるものではない。そのため三重県立図書館では、三重県観光連盟との協力体制を構築している。

　この小さなアイデアによって図書館での「知る」から、図書館の外での「行く」という利用者の行動に必要な情報までをカバーして利便性を大きく広げている。また同様の取り組みは、伊万里市民図書館も実施している。

撮影：岡本真
2011年7月23日

■**三重県立図書館**　http://www.library.pref.mie.lg.jp/
三重県津市一身田上津部田1234 三重県総合文化センター生涯学習棟1階
Tel：059-233-1180　　Fax：059-233-1190　　E-mail：mie-lib@library.pref.mie.jp

File 002

図書館で
バードウォッチング

たつの市立揖保川図書館
[兵庫県]

　たつの市立揖保川(いぼがわ)図書館は、バードウォッチングが楽しめる図書館だ。図書館内に野鳥観察コーナーがあり、隣を流れる揖保川に訪れる野鳥を見ることができる。カウンターで申し込めば、なんと双眼鏡も貸してくれる。野鳥の本をそろえたコーナーも隣接し、野鳥と出会い、さらに深く知ることができる。

　テーマ展示に関連して、一時的に鳥の本コーナーをつくる図書館はたくさんあるかもしれないが、野鳥との出会いもあわせて提供できるのはたつの市立揖保川図書館のほかには存在しないだろう。図書館のロケーションから魅力をつくり、体験と知識をワンストップで結び付け、図書館資料の利活用も促進している好例だ。

　川に面しているロケーションは恵まれた特例かもしれない。しかし、魅力の発見は丹念な観察によってなしうるものだ。「いつもの図書館」を少し違った目線で、丁寧に観察して見れば、いつもと違う一面が発見できるかもしれない。

撮影：嶋田綾子
2012年7月20日

■たつの市立揖保川図書館　http://www.city.tatsuno.lg.jp/library/shisetsu/index.html#ibogawa
兵庫県たつの市揖保川町正條354-1 たつの市総合文化会館アクアホール3階
Tel：0791-72-7666

File003

「他フロアへの導線問題」を解決した"資料の出張所"

浜松市立中央図書館
[静岡県]

　図書館資料への最適なアクセスを考えるうえで重要な利用者の導線設計。「建物の制約があるから……」とあきらめる前のひと工夫で利便性は大きく変化する。

　浜松市立中央図書館も例外なく建物に制約がある図書館だ。2階からなる各フロアはスペースが狭く、資料の動かし方も限られていた。そのため人気がある一般書や児童書は1階に、参考図書や地域資料は2階にと、資料によってフロア分けをおこなっていた。その結果、多くの利用者は1階で用がすんでしまい、2階まで足を運ぶことは少なかった。2階は閑散とした"資料置き場"になり果てていたのだ。

　そこで同図書館は、2階にある資料の「紹介コーナー」を、1階の各所につくることにした。「参考図書室資料紹介コーナー」や「行政資料コーナー」などの2階の資料と紹介文を設置した、"資料の出張所"をつくることで、2階にある資料の"つまみ食い"をできるようにしたのだ。

　これによって利用者は1階を利用しながら2階にどんな資料があるかを知ることができるようになった。その結果、2階への導線をつくり出すことに成功したのだ。

撮影：岡本真　2009年11月29日

■浜松市立中央図書館　http://www.lib-city-hamamatsu.jp/access/chuo.htm
静岡県浜松市中区松城町214-21
Tel：053-456-0234　Fax：053-453-2324

File 004

書庫資料に、出番を

箱根町社会教育センター図書室
[神奈川県]

　図書館の書庫といえば、古くなったり、利用が少なくなったりした本を置くところというイメージが強いかもしれない。図書館の本は、書庫に入ってしまえばそれっきり、なかなか利用者の目に触れることはなくなる。

　しかし、それでは宝の持ち腐れだ。箱根町社会教育センター図書室は、小さな工夫でこの書庫資料に出番を提供している。特定のテーマでセレクトされた書庫資料を、開架の専用コーナーで展示しているのである。もちろん定期的に入れ替えをしている。

　小さな工夫ではあるが、こまめに書庫に手を入れないとできないことでもある。図書館員たちの努力が垣間見える工夫でもあるだろう。結果として、開架だけではなく、書庫にもいい資料があることを利用者にアピールすることにも役立っている。

撮影：岡本真
2010年8月30日

■ 箱根町社会教育センター図書室　http://www.library-hakone-kanagawa.jp/
神奈川県足柄下郡箱根町小涌谷520
Tel：0460-82-2694

File 005

POP活用で実現、
資料紹介コーナーの省スペース化

浜松市立中央図書館駅前分室
[静岡県]

　浜松市立中央図書館駅前分室は、デパートの一角にある小さな図書館だ。2011年に現在の場所へ移転する前は、駅前に立つビルのなかに設置されていた。その当時からスペースも限られ、蔵書数も少ない小さな図書館だったが、それでもほかの図書館と同様にテーマ展示型の資料紹介コーナーをつくっていた。この移転前の駅前分室の工夫を紹介する。

　この駅前分室でのテーマ展示には、なんと本がない。展示されているのは、本の内容を紹介したPOPなのだ。色とりどりの手づくりPOPがコーナーを飾っている。さらに自館の蔵書数の少なさも、市内にあるほかの図書館の本も紹介することでカバーする。もちろん、このPOPは紹介文を読めるだけではない。利用者がそのPOPをカウンターへ持っていくと、図書館員が取り寄せの手続きをおこなってくれる。取り寄せサービスでの利用者の手間を軽減する工夫もなされているのだ。また、こうした便利なサービスがひと目でわかるように、POPをとめるクリップにもそのサービスを明示する工夫が施されている点も特徴だ。

撮影：岡本真
2011年11月29日

■浜松市立中央図書館駅前分室（データは現在の分室のものです）
http://www.lib-city-hamamatsu.jp/access/ekimae.htm
静岡県浜松市中区旭町12-1 遠鉄百貨店新館9階
Tel：053-458-2180　　Fax：053-458-2156

File 006

ソフトのパッケージ展示で、
デジタルメディアをわかりやすく

山口市立中央図書館
[山口県]

　デジタルメディアが利用しづらい原因の一つは、それが「どのように、何のために使えるのか」が把握しづらい点にある。CD-ROMやDVDに収められた辞書や六法は、1台のパソコンにインストールしてこそ価値を発揮する。しかし見た目には1台のパソコンでしかなく、なかにどんなソフトが入っているのかわからない。

　山口市立中央図書館では、こうしたわかりづらさを解決するため、インストールしたソフトのパッケージを展示している。そもそもソフトのパッケージは、店頭で人の目にとまり、その内容がすぐにわかるように設計されている。したがって、パソコンの前にソフトのパッケージを置いておけば、そのパソコンで何ができるのかが、誰の目にもわかるというものだ。

　本来、デジタルメディアは、物理的な場所をとらないことがメリットであるはずだが、利便性を優先してパッケージを並べてしまう逆転の発想には、なるほどと感心させられる。

撮影：岡本真
2012年6月13日

■ 山口市立中央図書館　http://www.lib-yama.jp/riyou/shisetsu_chu.html
山口県山口市中園町7-7
Tel：083-901-1040　Fax：083-901-1144　E-mail：info@lib-yama.jp

File 007

地域資料の収集を
MLAK連携で充実化

多治見市図書館
[岐阜県]

　多治見市図書館では、陶磁器に関する地域資料を収集している。そのコレクションは、図書や雑誌だけにとどまらない。古窯に関する発掘調査報告書や展覧会の図録も収集している。一般的に、展覧会の図録は書店にはほとんど流通しないため、収集してコレクションに加えるには相当のリサーチと収集のための努力が必要である。展覧会の図録を1,000点以上も収集するためには、関連する美術館や博物館との連携を常におこなうことが必要となる。

　また多治見市図書館では、ただ図録を収集するだけではなく、展覧会のチラシを配布して展覧会に関連する図書の展示もおこなう。このように美術館や博物館と相互の関係を持つことで、貴重なコレクションが形成されているのである。

　雑誌のバックナンバーも、陶磁器をテーマにするものであれば過去にさかのぼって収集することでコレクションを増強している。また、図書館の定期購読分だけを保存していくのではない。陶磁器をテーマとしない雑誌であっても、陶磁器の特集であればその号だけ保存するというように、幅広く収集している。

　このような取り組みは、かねてから模索されているMLAK連携──ミュージアム（Museum）・図書館（Library）・文書館（Archives）・公民館（Kominkan）の連携の実践の見本とも言えるだろう。

撮影：岡本真　2011年6月11日

■多治見市図書館　http://www.lib.tajimi.gifu.jp/
岐阜県多治見市豊岡町1-55
Tel：0572-22-1047　Fax：0572-24-6351　E-mail：toshokan@tajimi-bunka.or.jp

File008

デジタルアーカイブで変わる自治体広報誌

富士見市立図書館
[埼玉県]

　自治体の広報誌は、各自治体のウェブサイトで公開されていることが多く、そのバックナンバーも同じサイト内にあるのがほとんどだ。富士見市でも、最新号の広報誌は市のウェブサイトで公開している。しかしバックナンバーは、過去数年分を公開するだけである。それ以前のバックナンバーは、富士見市のサイトではなく富士見市立図書館がデータを預かり、図書館のサイトで保存・公開している。

　地域資料として、市の広報誌を創刊号から所蔵している図書館は多い。しかしそれを図書としてだけではなく、デジタルアーカイブとして、創刊号からウェブサイトで公開している図書館は少ない。図書館のデジタルアーカイブは、貴重資料などの古資料が対象になる場合が多いということもあるが、富士見市立図書館の試みは、いわば身近な歴史のデジタルアーカイブだと言えるだろう。

　こうした実践は、昨今活発化しているオープンデータ（行政情報を2次利用しやすくするための情報開示）に関わる取り組みとしても評価できる。

出典：図書館ウェブサイト

■ **富士見市立図書館** 　http://www.lib.fujimi.saitama.jp/
埼玉県富士見市鶴馬1873-1
Tel：049-252-5825

File 009

「目には目を」メガネの名産地では、ビジネス支援もメガネ資料で

鯖江市図書館
[福井県]

　鯖江市はメガネの名産地だ。鯖江市図書館では、ビジネス支援コーナーに地場産業であるメガネに関する資料を置いている。地場産業に関わる資料を地域資料でもなく、一般資料でもなく、ビジネス支援コーナーに置くことで、地域の産業に対する支援をおこなっているのだ。

　一般的なビジネス支援コーナーの多くは、起業関係や法律関係、書類の書き方、働き方に関する資料を置くことが多いが、同図書館は地域の実情に合わせた資料を置いているのが魅力。これぞ、地域の図書館ならではのビジネス支援ではないだろうか。地場産業に関わる資料は地域資料でもあることから、一部の資料はビジネス支援コーナーではなく、郷土資料コーナーにあることも案内していて、利用者のことを考えた情報提供がなされている点も評価できる。なお、同図書館はこれらの取り組みが評価されて、「Library of the Year 2014」を受賞している。

撮影：岡本真
2010年10月8日

■鯖江市図書館
https://www.city.sabae.fukui.jp/kosodate_kyoiku/bunkanoyakata/bunkanoyakata.html
福井県鯖江市水落町2-25-28
Tel：0778-52-0089　Fax：0778-52-2948　E-mail：sc-Library@city.sabae.lg.jp

File010

地域資料をつくるのも、図書館の新しい仕事

愛荘町立愛知川図書館
[滋賀県]

　地域資料を収集し保存していくことは、公共図書館の大切な役割だ。その役割を積極的に果たそうとすると、収集することにとどまらず、図書館自らが地域の情報を生み出す取り組みをおこなうこともあるだろう。

　愛荘町立愛知川図書館は図書館が住民に呼びかけ、自分の町の残したいモノやコトを、カードにして整理する「町のこしカード」という取り組みをおこなっている。作成したカードは、地域ごとにまとめられて保存される。またこれらのカードはデジタル化され、サイトでも公開されている。

　図書館が保存していく地域の情報とは、歴史的なものだけではない。これから歴史になるだろう、現在の生活や町の様子もその対象になる。図書館が保存すべき地域の情報について、気づきを与えるいい取り組みだ。

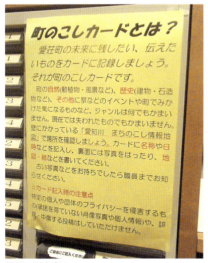

撮影：岡本真
2011年2月23日

■愛荘町立愛知川図書館　http://www.town.aisho.shiga.jp/lib/
滋賀県愛知郡愛荘町市1673
Tel：0749-42-4114　Fax：0749-42-8484

File011

地域へ出ていき資料をつくる
情報創造型図書館

練馬区立南田中図書館
[東京都]

　練馬区立南田中図書館では図書館員自らが図書館の外へ出ていき、インタビューや文献調査をおこなって、地域資料を作成している。その成果から地域をテーマにした展示をおこなったり、ファイルにまとめて資料として提供したりしている。また、図書館のなかでの企画として活用するだけではなく、『照姫伝説』（遠武健好、ネリマ情報協会、1994年）や『練馬の名族豊島氏』（下平拓哉、練馬区立南田中図書館、2012年）といった本にまとめて刊行している。この本は市販されていないが、区内の小学校などに配布されている。

　図書館が地域資料を収集することは重要だ。それだけではなく、図書館員が地域に出向き情報を集めて資料をつくり出すことも、重要な活動だろう。図書館員が図書館の中にとどまらず外に出ていくことで、地域の人とのつながりが生まれ、図書館と地域の連携に発展していくからだ。

　こういった取り組みを新しく始めようとしたとき、多くの場合、最初から大きなことをしようとして頓挫してしまう。長く続けるコツは、スタートのハードルを下げることだ。まずは小さな活動・発信から始めてみてはどうだろうか。

撮影：嶋田綾子
2012年8月10日

■練馬区立南田中図書館　http://www.lib.nerima.tokyo.jp/institution/28
東京都練馬区南田中5-15-22
Tel：03-5393-2411

File012

図書館に、
一箱の美術館を

六花文庫
[北海道]

　六花文庫は、マルセイバターサンドで有名な菓子メーカー・六花亭が文化活動の一環として2004年4月にオープンさせた食に関する専門図書館だ。菓子づくりの実用書や食文化の歴史資料を中心に約7,000冊を所蔵する。

　この図書館では2007年10月から、アーティストに作品発表の場を提供する「六花ファイル」という取り組みをおこなっている。全国から公募して選ばれたアーティストの作品が、1人1箱の形式で収められ、自由に手に取って見ることができる。箱に収められた作品の情報はファイルにまとめられているので、利用者はファイルを見て好きなアーティストを見つけたり、作品を見てからアーティストについての知識を得ることもできる。小さなファイルで、知識と体験が同時に得られるというわけだ。

　図書館がおこなう情報の収集・提供は、図書や雑誌のような紙資料だけに限られない。取り組み方次第で、図書館の一角が小さな美術館にもなるのだ。

撮影：岡本真
2010年12月9日

■六花文庫　http://www.oda-kikin.com/book.html
北海道札幌市南区真駒内上町3-1-3
Tel：011-588-6666　Fax：011-588-6666

図書館100連発　｜　027

File013

利用者とともに戦う「雑誌入れ替え戦！」

蔵王町立図書館
[宮城県]

　図書館が雑誌などの購入タイトルを見直す際、多くの場合、貸出回数に基づいて判断を下す。しかし蔵王町立図書館では、貸出回数を加味しながらも、利用者にアンケートをとり、その結果に基づいて判断するというユニークな手法をとっている。

　アンケートは、雑誌を貸し出さない図書館では利用動向把握のためにおこなわれることがある。だが同図書館のように、貸出をおこなっている図書館でアンケートを実施しているのは意外とめずらしい。さらにアンケートを募るためのネーミングが秀逸だ。「雑誌の入れ替え検討をおこないます」とついつい無難に言ってしまうところを「雑誌入れ替え戦！」だ。利用者とともに戦おうというキャッチーさによって訴えることで、利用者の認知にもつながり、アンケートに参加するためのモチベーションアップも期待できるだろう。

撮影：岡本真
2011年12月25日

■ 蔵王町立図書館　http://www.gozain.jp/library/
宮城県刈田郡蔵王町円田字西浦5
Tel：0224-33-2018　Fax：0224-33-2019　E-mail：toshokan@town.zao.miyagi.jp

File 014

もうご法度とは言わせない。
音楽が流れる図書館

東近江市立永源寺図書館
[滋賀県]

「図書館は静かに過ごす場所だ」というイメージはもう過去のものになりつつあるのかもしれない。東近江市立永源寺図書館は、音楽が流れる図書館である。

BGMが流れている、といっても決してにぎやかな大音量で流れているわけではない。ふと気がつくと音楽が聞こえる、というレベルに抑えられている。控えめな音量で流れる音楽は、図書館利用を決して邪魔することはない。むしろ、静かすぎてピリリとしてしまう図書館の雰囲気を和らげる効果がある。逆説的に聞こえるかもしれないが、BGMによって心地いい図書館を生み出すことが可能なのだ。

その是非は常に議論にはなるものの、BGMを使う図書館は増えている。例えば沖縄県の嘉手納町立図書館では、アメリカ軍基地からの飛行機の騒音を緩和するために館内BGMを利用している。地域の特性や館内の騒音環境に配慮して、導入に踏み切る図書館が出てきているのだ。

撮影：岡本真
2011年2月3日

■東近江市立永源寺図書館　http://www.library-higashiomi-shiga.jp/?page_id=32
滋賀県東近江市山上町830-1
Tel：0748-27-8050　Fax：0748-27-8090

File 015

「図書館でネットしよう」を
スタンダードに

軽井沢町立離山図書館
[長野県]

　軽井沢町立図書館では、利用者に無料で無線LANを提供している。この無線LANは軽井沢町が提供していて、町中にある数カ所の無線LANの提供スポットの一つだ。全国的に見れば、独自に無線LANを提供している図書館もある。民間企業の有料無線LANサービスのアクセスポイントになることで、無線LAN環境を提供している図書館もある。そのなかにあって、自治体が実施している無線LANサービスのアクセスポイントに図書館がなることも、提供方法の一つだろう。

　図書館に行き、本で調べ物をしながら自分のパソコンで作業をする。図書館の資料だけではなく、インターネットを使って調べ物をする。そのための環境を無料で提供することも、図書館としての情報提供の一つにちがいない。新規導入には、諸手配が比較的容易なFREESPOTなどの公衆無線LANスポットサービスがオススメだ。

撮影：岡本真
2011年9月6日

■ **軽井沢町立離山図書館**　http://www.library-karuizawa.jp/hanareyama.html
長野県軽井沢町長倉2112-118
Tel：0267-42-3187　Fax：0267-42-3187　E-mail：library@town.karuizawa.nagano.jp

File 016

パソコン専用席に、セキュリティーを

横浜市中央図書館
[神奈川県]

　持参したパソコンを使用できる席を限定している図書館は多い。「パソコン専用席」や、「パソコン優先席」がそうだ。横浜市中央図書館の場合も、持ち込んだパソコンを使用できる場所を指定している。しかし、その席に少しユニークな工夫が施されている。置いておくパソコンを見知らぬ他人が持ち出せないようにするセキュリティーワイヤー用の金具が取り付けられているのだ。図書館でパソコンを使用するとき、資料を取りにいったり休憩したりと席を離れることもあるだろう。そんなときにパソコンを無防備に放置するわけにはいかない。セキュリティーワイヤーでパソコンを固定できれば、盗難の心配なく席を離れることができるというものだ。

　パソコン専用席を用意している図書館でも、こうしたセキュリティー面の配慮がなされているところは決して多くはない。いまやパソコンを使わない仕事・研究が想像できない時代だ。そういった時代に合わせ、セキュリティー面を充実させるのも図書館の努めだろう。また導入に関しては、同館のように、市販されている金具を後から取り付けるだけでも十分だ。

撮影：嶋田綾子
2012年10月6日

■**横浜市中央図書館**　http://www.city.yokohama.lg.jp/kyoiku/library/chiiki/central/
神奈川県横浜市西区老松町1
Tel：045-262-0050　Fax：045-262-0052

File 017

レアな情報求めて分館へ。
雑誌ファンの心をつかむ「バックナンバー展示」

富山市立八尾図書館ほんの森
[富山県]

　24の分館を持つ富山市立図書館。そのうちの一館である八尾図書館ほんの森では、分館で購入している雑誌のバックナンバーを展示している。本館の利用者に、分館にどのような資料があるのかを知らせるためだ。種類にもよるが、特定の雑誌に大きな情熱を持つファンは存在する。例えば映画関係であれば通称"キネ旬"で知られる「キネマ旬報」がある。1919年（大正8年）7月にキネマ旬報社によって創刊され、ほぼ1世紀にわたって銀幕の向こう側を詳細にレポートしている同誌は、歴史的名画にまつわる貴重な情報が満載で、一般的な市場でも入手困難なバックナンバーが多数存在する。自分の好きな名画の監督インタビューなどがあれば、ファンであればどうしても読みたくなるものだ。仮にその雑誌があるのが少し離れた分館であっても、だ。

　分館で購入したバックナンバーを展示することで、分館にその雑誌が置かれていることを周知できるとともに、分館の存在そのものの周知もおこなうことができる。また、分館にある資料への興味を喚起することで、取り寄せサービスを周知することも兼ねている。

撮影：岡本真
2012年9月19日

■富山市立八尾図書館ほんの森　https://www.library.toyama.toyama.jp/info/yatsuo
富山県富山市八尾町井田126
Tel：076-454-6846　Fax：076-455-2199

File018

カードケースの有効活用で、
配布物は、もう曲げない

奈良県立図書情報館
[奈良県]

　奈良県立図書情報館ではパンフレットなどの一枚物の配布物を、1種類ごとにカードケースで押さえて提供している。一枚物の配布物は、パンフレットスタンドなどに入れておいても、時間がたつと曲がり癖がついてヨレヨレになってしまう。これをいつまでもきれいに保つために、プラスチック製の硬質タイプのカードケースを用紙の前に置き、曲がり癖がつかないよう押さえているのだ。ただカードケースで押さえるだけでは、配布物と同じ大きさのために取りづらい。そのため、カードケースの上部に切り欠きをつくり、紙がヨレヨレにならないようにしっかりと押さえながらも、利用者が取りやすいように工夫している。

　また、カードケースのなかに配布物を1枚、見本として挟んでいる。こうすることで配布物がなくなってしまっても、そこに何があったのかわかる。誰でもすぐに参考にできる何げない工夫ではあるが、それだけで利用しやすく、見栄えもよくなる。

撮影：岡本真
2010年5月8日

■ **奈良県立図書情報館** http://www.library.pref.nara.jp/
奈良県奈良市大安寺西1-1000
Tel：0742-34-2111　Fax：0742-34-2777　E-mail：info@library.pref.nara.jp

「こんな調べ物できます」レファレンス展示

福井県立図書館
[福井県]

　図書館で聞かれたレファレンスについて、その事例集を冊子やウェブで公開している図書館は多い。しかし事例そのものを、図書館内で掲示している例はあまり見かけない。福井県立図書館は、レファレンス事例を館内に掲示している。

　さらに同図書館ではきちんと見出しをつけ、見せるためのフォーマットに整えて、一つの展示として成立させている。ただ業務的な画面をプリントして貼るだけではなく、どうやって認知させるかを真面目に考えている点が評価できる。

　事例そのものを貼り出すことで、「こういうサービスがあります」と広報するよりも、よほど効果的にレファレンスサービスの詳細を周知できる。図書館でどのようなことが調べられるのか、利用者がどのようなことを図書館に質問しているのかが、具体的にわかるからだ。

　利用者からの質問を公開することは、図書館でどんなことが調べられるか、という図書館機能の広報にもなっている。さらに調べるプロセスを詳細に公開することで、同様の調べ物があったときに調べる手間を省略できるだろう。

撮影：岡本真
2010年10月9日

■ 福井県立図書館　http://www.library-archives.pref.fukui.jp/?page_id=138
福井県福井市下馬町51-11
Tel：0776-33-8860　Fax：0776-33-8861　E-mail：tosyokan@pref.fukui.lg.jp

File 020

本との出会いをつくり出す「としょかん福袋」

蔵王町立図書館
[宮城県]

　蔵王町立図書館では、「としょかん福袋」というイベントをおこなっている。これは、あるテーマにちなんだ本を3冊セットにして袋に入れ、どのような本が入っているかわからない状態で貸出をおこなうものだ。借りて袋を開けるまで、自分がどの本を借りたのか、利用者にはわからない。

　どんな本が入っているかわからない状態で本を借りるので、ふだん自分からは手に取らないような本との出会いがある。また、袋に入れた3冊は、やみくもに選ばれているわけではない。「新語・流行語大賞」や「映画・ドラマになった本」など、その年の話題に合わせた本を3冊ずつ選んでいるのだ。利用者が興味を持つテーマの本をセットにしているのである。

　福袋は現在も、全国の多くの図書館で取り組まれている。簡単な仕掛けだが、普段は手に取らないような本との出会いをつくり出すことで、図書館が所蔵する様々な本が利用されるきっかけをつくることができ、確実な成果を上げられる方法だと言える。

撮影：岡本真
2011年11月25日

■蔵王町立図書館　http://www.gozain.jp/library/
宮城県刈田郡蔵王町円田字西浦5
Tel：0224-33-2018　Fax：0224-33-2019　E-mail：toshokan@town.zao.miyagi.jp

File 021

駅コンコースの 貸出カウンターで利便性向上

札幌市中央図書館大通カウンター
[北海道]

　札幌市中央図書館は、札幌市営地下鉄大通駅のコンコースに簡易カウンターを設置している。カウンターには職員が常駐して、本や雑誌の受け取りや返却、図書館が所蔵している蔵書の検索ができ、貸出券の発行も可能だ。市街中心部の人通りの多い場所であり、主要交通機関という日常の移動の導線上にあるのが何よりの魅力だ。利用者の利便性を的確に捉えて、実現していると言えるだろう。

　本を置かず、貸出は事前に予約していたものだけに限定されるとはいえ、このようなサービスポイントを町中に設置することには大きな意味がある。図書館に普段行きづらい人でも図書館が利用しやすくなり、図書館が身近な存在になるからだ。またほかの事例としては、高槻市立図書館も高槻駅の最寄りのビル内に無人の予約本受け取りコーナーを設置している。

撮影：岡本真
2010年12月8日

■ **札幌市中央図書館大通カウンター**　http://www.city.sapporo.jp/toshokan/sisetu/odori.html
北海道札幌市中央区大通西4 地下鉄大通駅地下1階コンコース横
Tel：011-251-1892

File 022

無人貸出・返却で
長時間利用を可能に

高槻市立図書館駅前図書コーナー
［大阪府］

　高槻市立図書館駅前図書コーナーは、駅前に設置された図書館サービスポイントだ。施設は無人で運営されていて、利用者自身がセルフサービスで予約資料の受け取り手続きや図書の返却をおこなうことができる。

　貸し出しできるのは事前に予約し、受け取り場所を駅前図書コーナーに指定した図書と雑誌に限られ、自動返却機で返却もできる。返却したい資料を投入するだけで、返却処理がすむ。予約確認も受け取りも返却も、すべて一貫してセルフサービス化することで、午前9時から午後10時という長時間開館が実現できているのだろう。

　駅前にあることに加えて、長時間にわたって開館していることから、当然、利用者にとって利便性は向上する。

撮影：岡本真
2010年5月9日

■ 高槻市立図書館駅前図書コーナー
https://www.library.city.takatsuki.osaka.jp/lib_08_station.html
大阪府高槻市紺屋町1-2 総合市民交流センター内
Tel：072-674-7800（中央図書館）

File 023

コンビニ感覚で本を返却

水俣市立図書館
[熊本県]

　水俣市立図書館では、コンビニエンスストアにブックポストを設置して、貸し出した資料を返却できるようにすることで利便性を向上させている。返却された資料は図書館が定期的に回収している。

　水俣市立図書館は、コンビニエンスストアのほかに市役所にもブックポストを設置している。こうした日常の生活導線上に図書館とのタッチポイントを増やすことは、利便性を大きく向上させる。札幌市中央図書館が駅のコンコースに本や雑誌の受け取りや返却ができる簡易カウンターを設置して功を奏しているように、生活者の生活動線がどこにあるかを観察することが、ブックポストの設置の際にも重要なヒントになるだろう。

撮影：岡本真
2012年8月31日

■ **水俣市立図書館**　http://www.minalib.jp/
熊本県水俣市浜町2-10-26
Tel：0966-63-8401　Fax：0966-84-9119

File024

トークイベントで
図書館を「知の舞台」に

鯖江市図書館
[福井県]

「さばえライブラリーカフェ」は、鯖江市図書館でおこなわれているトークイベントである。2005年2月から毎月定期的に開催され、17年時点で12年間続く長寿イベントになっている。発表者は福井県内外の研究者や専門家、技術者などで発表時間が60分、ティータイムが15分、質疑応答が45分。質疑応答に時間を多めに割くことも特徴である。

このイベントは、図書館と「さばえ図書館友の会」が協働して運営している。しかし、図書館と友の会という二者の協働だけでは、これほどの回数は維持できない。様々な分野からの発表者がいてはじめて実現するのはもちろん、ここで発表することの意味を参加者が重んじ、またイベント自体の求心力が生まれていく必要がある。同図書館はコミュニティーの維持・運営や周知活動にも熱心であり、結果として、さばえライブラリーカフェという舞台で発表することは、県内の研究者や実務家にとってある種の名誉にもなっているという。

図書館がただ本を貸し出すだけでなく、地域の人と一緒になって情報や知識を生み出す拠点になっているのだ。同図書館はそうした取り組みが評価されて、「Library of the Year 2014」を受賞している。

撮影：岡本真
2010年10月8日

■ 鯖江市図書館
https://www.city.sabae.fukui.jp/kosodate_kyoiku/bunkanoyakata/bunkanoyakata.html
福井県鯖江市水落町2-25-28
Tel：0778-52-0089　Fax：0778-52-2948　E-mail：sc-Library@city.sabae.lg.jp

File 025

地域イベントに
図書館を「出前」

岩見沢市立図書館
［北海道］

　配本や団体貸出、出張読み聞かせなどを含むイベントをおこなっている図書館は多い。主に団体向け、特に学校関係や読み聞かせサークルなど、子どもの読書に関わる団体を対象にしているものだ。

　岩見沢市立図書館がおこなっている「ブックカフェ」は、そうした配本や団体貸出、出張読み聞かせとは、少し運営方針が異なる。ブックカフェは図書館員が本とともに地域へ出ていき、地域の催しに図書館を出前するというもの。いわば、イベントの出し物の一つとして、図書館を出展することができる。

　持っていった本は貸出可能であり、本の内容も利用者が図書館と事前に相談したうえで自由に決めることができる。要望があれば、図書館員が本の紹介や読み聞かせもおこなう。

　地域でのイベントや食事会などでの開催を想定していることから、地域の催しのなかに図書館を組み込むことができるのだ。地域のなかに、生活のなかに、図書館を生み出すことができるイベントである。

撮影：岡本真
2012年9月7日

■岩見沢市立図書館　http://lib.city.iwamizawa.hokkaido.jp/
北海道岩見沢市春日町2-18-1
Tel：0126-22-4236　Fax：0126-24-7580　E-mail：lib7@mc.city.iwamizawa.hokkaido.jp

図書館と専門機関が連携。
ビジネスで使える「技術書棚」

山口県立山口図書館
［山口県］

　専門機関と連携することで、図書館としての利便性を大きく広げることができる。山口県立山口図書館では、山口県産業技術センターの研究員の協力を得て「山口県産業技術センターセレクション」という技術書関係のコーナーを設置している。ビジネス支援サービスの一環としての事業であり、専門家と協力して図書館の蔵書を充実させ、利用者サービスの向上に努めている好例だ。

　同図書館は、山口県産業技術センターの各技術グループの主要研究分野を調べて、図書館の所蔵資料から関連資料リストを作成している。また、県内中小企業で必要とされる技術動向なども踏まえ、産業技術センターの研究員と協議して基本図書を選定して、図書館に所蔵していない資料は新たに購入もしている。これらの資料をコーナーに並べるとともに、産業技術センターのパンフレットや定期刊行物なども閲覧できる。

　図書館と専門機関が連携して、ビジネスで使える本棚を生み出したいいモデルだと言えるだろう。

撮影：岡本真
2012年6月12日

関連情報
「県立山口図書館に「産業技術センターセレクション」コーナーが誕生しました。」（http://www.iti-yamaguchi.or.jp/docs/2012032100014/）［2017年3月15日アクセス］

■ 山口県立山口図書館　http://library.pref.yamaguchi.lg.jp/
山口県山口市後河原150-1
Tel：083-924-2111　Fax：083-932-2817　E-mail：a50401@pref.yamaguchi.lg.jp

File 027

美術館と連携した展示で、集客・利便性をアップ

多治見市図書館
[岐阜県]

　多治見市図書館では、多治見市の地場産業である陶芸を「特殊コレクション」と位置づけて、資料の収集に力を入れている。しかもただ資料を集めるだけではなく、近隣の美術館ともMLAK連携を推進し、美術館と連動した展示を図書館でおこなうことで資料の活用を図っている。

　同館では、近隣の美術館や資料館が開催する企画展会期中に、その企画展の図録と関連資料を紹介するテーマ展示を図書館内でおこなう。同時に美術館では、図書館が提供したブックリストを配布している。つまり図書館では美術館の企画展に合わせて資料を活用し、美術館では図書館が提供する資料の情報を活用しているのだ。

　こうした連携を日常的に運営することで、図書館が単独で資料を収集するだけでは難しい、貴重なコレクションが構築されていくのだろう。

撮影：岡本真
2011年6月11日

■**多治見市図書館**　http://www.lib.tajimi.gifu.jp/
岐阜県多治見市豊岡町1-55
Tel：0572-22-1047　Fax：0572-24-6351　E-mail：toshokan@tajimi-bunka.or.jp

移動図書館に
法テラスが同行

南三陸町図書館
[宮城県]

　南三陸町図書館は、2011年3月11日の東日本大震災の津波被害によって建物が流失した。現在の図書館は、ベイサイドアリーナという体育館の一角に設置された仮設図書館と移動図書館で構成されている。移動図書館は、町内外に設けられた仮設住宅を中心に巡回していて、そこには法テラス（日本司法支援センター）が同行した。法律のトラブル解決相談所の法テラスと図書館。異なる2つのサービスを同時に展開することで、相乗効果を生み出すことができる。

　法テラスの南三陸事務所は、南三陸町図書館が設置されているベイサイドアリーナのすぐ隣にある。南三陸町の仮設住宅は町内だけではなく、隣接する自治体にも点在しているため、遠隔地の住民サービスが課題である。そのため、移動図書館と法テラスのコラボレーションが実現したのである。また図書館からは、法律関係の資料も提供している。

　2012年に法テラスがおこなった調査によると、東北のほかの地域と比べて南三陸町では法テラスの存在が広く知られるようになった（アンケートで「知っている」と答えたのが66.4パーセント）。移動図書館という市民により近いサービスと連携したことも、この数字を支えているのではないだろうか。

　なお、南三陸町図書館は2018年をめどに仮設から本設に移行する見込みだ。

写真提供：南三陸町図書館

■南三陸町図書館　http://www.facebook.com/MinamisanrikuTempLib
宮城県本吉郡南三陸町志津川字沼田56
Tel：0226-46-2670　E-mail：toshokan@town.minamisanriku.miyagi.jp

File029 File030

館内に
本の注文票を設置

田原市中央図書館 [愛知県]
白河市立図書館 [福島県]

　市内にある書店での本の購入を斡旋している図書館がある。愛知県の田原市中央図書館では、予約数が多くてすぐには借りることができない本や手元に置きたい本などを市内書店で購入することを勧めている。人気本を予約させてただ待たせるのではなく、待てない人には購入を勧めるという手法に転じた点が斬新だ。

　また、図書館で借りて気に入ったので手元に置きたいというニーズも、市内書店での購入を勧めることで満たそうとしている。無料の原則にこだわり、購入を勧めることが難しい図書館が多いなか、田原市中央図書館では、はっきりと購入を勧めている。また、無料で本を貸し出す図書館は市場での本の売り上げを下げるという意見もあるが、借りてみて気に入った本であれば自分の手元に置きたい、と思うのは読書をする人にとっては自然であるように思える。そこに地元の書店への橋渡しがおこなわれることで、地域の活性化にもつながっているのではないだろうか。本を売る書店と本を貸す図書館とは、決して対立するものではなく、このような形で連携することも可能なのである。

　また、福島県の白河市立図書館では、館内に本の注文票を置いている。読み終わった本を手元に置きたいと思った人が本を返すときに、その場で本を注文できる仕組みである。ここで注文すれば、あとは地元書店からの連絡を待つだけだ。利用者からすれば手間をかけることなく本を入手することができるうえ、地元の書店にも利益をもたらすことができる。

　いまや本の購入は「Amazon」にばかり頼りがちだ。早くて手間もかからない。しかし地元書店にふと足を運んでみると、居心地がよかったり、店主と仲よくなっていい情報を得られたりと思わぬ出会いがある。そんな地元書店の未来に、少し手間でも注文書で1票を投じるのは意義深いことでもある。

　図書館を生かした地元書店とのいい関係が、小さな工夫から生まれようとしている一例だと言えるだろう。

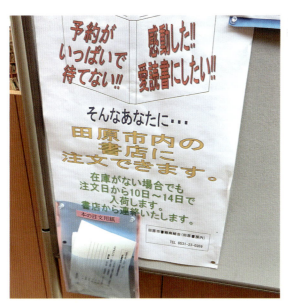

田原市中央図書館
撮影：岡本真　2011年7月24日

白河市立図書館
撮影：岡本真　2013年3月7日

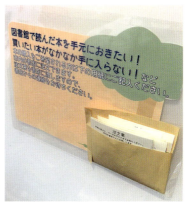

■田原市中央図書館　http://www.city.tahara.aichi.jp/section/library/
愛知県田原市田原町汐見5
Tel：0531-23-4946　Fax：0531-23-4646　E-mail：tosho@city.tahara.aichi.jp
■白河市立図書館　http://www.city.shirakawa.fukushima.jp/page/dir000312.html
福島県白河市道場小路96-5
Tel：0248-23-3250　E-mail：toshokan@city.shirakawa.fukushima.jp

図書館利用カードで
利用者の相互乗り入れ

村山市立図書館 ［山形県］
北中城あやかりの杜図書館 ［沖縄県］

　図書館と一般的な公共施設や娯楽施設との連携は、様々な形で模索されてきているが、近年、図書館の利用カードを使った利用客の相互乗り入れの施策をおこなっているところが増えてきている。

　村山市立図書館は「甑葉（しょうよう）プラザ」という複合施設内にあり、同館の利用カードは、「甑葉プラザ応援団」と名づけられた市内の提携店舗に提示すると、割り引きなどの優待特典を受けられる。割り引き内容やサービスは店舗ごとに独自に設定している。また図書館内では、提携店舗のチラシを配布して、互いに利用者の相乗効果を図っている。

　また、図書館を中心にした複合施設内にある北中城（きたなかぐすく）あやかりの杜図書館では、同居しているコテージや宿泊施設など、様々な商業施設と相互乗り入れをして、利用を活性化させている。例えば、この施設にあるカフェで同図書館の利用カードを提示すると注文の際に100円引きが適用される。

　また、この取り組みにならって、2015年4月にオープンした恩納村文化情報センターでも利用カードを提示することで隣接する観光直売施設で割り引きが受けられるサービスをオープン記念として実施した。図書館と地域商店を連携させるのは、双方の利用向上にも認知度アップにも非常に効果的だ。

村山市立図書館
撮影：岡本真　2012年6月22日

北中城あやかりの杜図書館
撮影：岡本真　2013年2月24日

■村山市立図書館　http://www.shoyo-plaza.jp/library/
山形県村山市楯岡五日町14-20 甑葉プラザ内
Tel：0237-55-2833　Fax：0237-55-7251
■北中城あやかりの杜図書館
http://www.ayakari.jp/menuIndex.jsp?id=70327&menuid=14002&funcid=28
沖縄県北中城村喜舎場1214
Tel：098-983-8060

File032

美術館に行ったら画集は図書館で。
地域で推進する MLAK 連携

熱海市立図書館 [静岡県]
郡山市中央図書館 [福島県]

島根県立図書館 [島根県]

　博物館と美術館（Museum）・図書館（Library）・文書館（Archives）・公民館（Kominkan）の相互利用促進——MLAK連携は様々に取り組まれているが、なかでも地域の美術館が開催する展覧会に関する資料を図書館で紹介することは非常に有益だと言える。画集などの資料は判型も大きく高価で、さらに発行部数も少ないために、図書館で利用するのがうってつけだからである。

　例えば熱海市立図書館では、熱海出身の文化勲章受章者・澤田政廣の代表作品を集めた地域の美術館・澤田政廣記念美術館に関連する資料を展示している。また、島根県立図書館や郡山市中央図書館では、フライヤーと資料を使って県内や市内の美術館の催しを紹介している。

　図書館が美術館への窓口にもなることで、利用者の充実した美術鑑賞を可能にするとともに、小さな展示・紹介だけで図書館の魅力アップにもつながるのだ。

熱海市立図書館
撮影：岡本真　2013年3月28日

郡山市中央図書館
撮影：岡本真
2013年3月6日

島根県立図書館
撮影：岡本真
2013年5月11日

■熱海市立図書館　https://www.atami-toshokan.jp/index.asp
静岡県熱海市上宿町14-20
Tel：0557-86-6591　Fax：0557-86-6593　E-mail：library@city.atami.shizuoka.jp
■郡山市中央図書館　http://www.toshokan.city.koriyama.fukushima.jp/
福島県郡山市麓山1-5-25
Tel：024-923-6601　Fax：024-923-6615　E-mail：chuuo-lib@city.koriyama.fukushima.jp
■島根県立図書館　https://www.library.pref.shimane.lg.jp/
島根県松江市内中原町52
Tel：0852-22-5725　Fax：0852-22-5728　E-mail：tosyokan@pref.shimane.lg.jp

File 033

友好都市、
その理由も図書館で

白河市立図書館
[福島県]

　多くの自治体が特定の地域と姉妹都市協定・友好都市協定を結んでいるが、自分が住んでいる自治体がどの都市と友好関係にあるのか、どうして協定を結んでいるのか、多くの住民は知らない。住民に周知される機会が少ないからだ。

　そこで白河市立図書館では、図書館からの周知活動の一環として、友好都市関係にある埼玉県戸田市と三重県桑名市の資料を専門的に収集している。この2つの市は、白河市とともに江戸時代に松平定信がおこなった三方所替え（3つの地域で支配をローテーションする政策）の該当地域だった。そのため、現在でも友好都市関係を結んでいるのだ。

　こうした歴史背景を資料をとおして伝えることで、なぜ友好都市の関係を結んでいるかの理由が利用者に伝わり、周知活動にもつながる。図書館からこうした情報を発信するのはめずらしく、ユニークな事例だと言えるだろう。

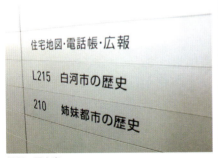

撮影：岡本真
2013年3月7日

■白河市立図書館　http://www.city.shirakawa.fukushima.jp/page/dir000312.html
福島県白河市道場小路96-5
Tel：0248-23-3250　E-mail：toshokan@city.shirakawa.fukushima.jp

File034

"まとめ読み"の強い味方！
郷土雑誌のバックナンバーを開架提供

山梨県立図書館
[山梨県]

　郷土資料を収集するのは図書館の基本的な仕事だが、そのバックナンバーも閲覧可能にしているところはめずらしい。山梨県立図書館では、郷土雑誌の最新号はもちろん、バックナンバーも閉架には入れず開架で展示している。

　もちろん多くの図書館でも、レファレンスで問い合わせればバックナンバーを読むことができるが、初心者にはハードルが高い。それに、郷土雑誌で気に入った連載企画を見つけたら、まとめ読みをしたくなるものだ。そのとき、目の前にある書架からすぐに取り出して読めるのは非常に便利である。書架スペースは取られてしまうが、利用者の利便性を重視した大切な取り組みだと感じる。

　全国展開をしている人気書ではなく、地域に向けた雑誌情報を使いやすく提供することは、図書館の重要な機能だろう。

撮影：岡本真
2013年4月11日

■山梨県立図書館　https://www.lib.pref.yamanashi.jp/
山梨県甲府市北口2-8-1
Tel：055-255-1040　Fax：055-255-1042

図書館活動のアーカイブは、未来のヒント集

洲本市立洲本図書館 ［兵庫県］
神埼市立図書館 ［佐賀県］

　図書館でおこなわれるイベントは、そのイベントが終わると開催されたことさえ探せなくなるケースも多い。少し手間はかかるかもしれないが、図書館のイベントや活動のアーカイブは、どのように図書館が使われ、市民に支持されてきたかの記録であり、職員に異動があった際の引き継ぎを簡易化できたり、語り継ぎが難しい文化を維持・管理することもできる点で重要である。

　洲本市立洲本図書館は、カネボウの紡績工場として利用されていた建物をリノベーションしてつくられ、建築物としても特徴的である。市民の要望から始まり、最終的には市長選挙にまで発展して建てられることが決まった図書館でもある。

　この図書館では、市民からの深い思い入れもあることから「図書館市民まつり」というイベントを毎年おこなっている。そしてイベントが終わると、アルバムを使って写真や式次第などの資料を丁寧に保存している。図書館でのイベントを町の思い出として残していくことは、市民との絆を守ることにつながる。それを再確認できる事例である。

　また、神埼市立図書館では、イベントの様子を撮影し、写真をファイリングして館内で展示している。自館のイベントをコンテンツとしてアーカイブしていくことも重要だが、アーカイブされたイベントの情報を展示することで、図書館のイベントに興味を持ってもらうことができる。定期的に開催しているイベントであれば、過去のイベントの様子を知ることで、次の機会には参加したいという利用者の思いにつなげるPRにもなるだろう。

　見せても保存してもいい効果がある図書館活動のアーカイブ。ぜひ、できることから始めていただきたい。

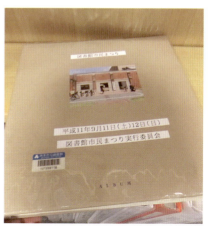

洲本市立洲本図書館
撮影：岡本真　2013年6月9日

神埼市立図書館
撮影：岡本真　2013年8月28日

■**洲本市立洲本図書館**　https://www.lib100.nexs-service.jp/sumoto/index2.html
兵庫県洲本市塩屋1-1-8
Tel：0799-22-0712　Fax：0799-26-3155　E-mail：sumoto-library@major.ocn.ne.jp
■**神埼市立図書館**　http://library.kanzaki.ed.jp/
佐賀県神埼市神埼町鶴3388-5
Tel：0952-53-2304　E-mail：library01@kanzaki.ed.jp

File 036

中継DVDの貸出で、市議会をオープンに

村上市立中央図書館
[新潟県]

　オープンガバメントや市政の透明化の一環として、市議会の中継をおこなっている地方自治体は増えてきている。そうした時代の流れを受けてだろうか、村上市立中央図書館では、図書館で市議会の中継DVDを積極的に貸し出している。

　こういった行政資料は、議会でどういった判断がなされ、政策として実行されているかなどを市民がさかのぼって調べるときに非常に有効なデータベースであり、図書館がまとめて収集するのは重要な仕事である。

　面陳することで手に取りやすくしているとともに、同図書館ほどまとまった形式で貸し出している事例はめずらしく、今後こうした取り組みが増えていくことが望まれる。

撮影：岡本真
2012年12月5日

■**村上市立中央図書館**　http://www.lib-murakami.jp/t/
新潟県村上市田端町4-25 教育情報センター内
Tel：0254-53-7511　Fax：0254-52-4133

DAISY図書の必要性を、子どもたちにも

島根県立図書館
[島根県]

　DAISY図書は、視覚障害を持つ人々のためのデジタル録音図書の国際標準規格だが、利用者があまり目にしない別コーナーに置かれていることが多いために認知が広まらない。

　そこで島根県立図書館では、DAISY図書の利用体験ができることを児童コーナーで伝えたり、大活字本（文字の大きな本）のコーナーを一般書のすぐ隣に置いたりすることで、周知活動をおこなっている。

　DAISY図書の存在を子どもたちにも周知することで、必要としている人がいること、そしてなぜ必要かという理解を促すこともできる。社会的にも非常に意義深い取り組みだと言えるだろう。

撮影：岡本真
2013年5月11日

■島根県立図書館　https://www.library.pref.shimane.lg.jp/
島根県松江市内中原町52
Tel：0852-22-5725　Fax：0852-22-5728　E-mail：tosyokan@pref.shimane.lg.jp

File 038

観光パンフレット収集で、いい旅、そろってます

佐賀市立図書館
[佐賀県]

　佐賀市立図書館では、日本全国の自治体が発行した観光パンフレットを収集して、まとめてファイリングするという特徴的な試みをおこなっている。

　旅行の計画にはウェブサイトや旅行雑誌などを参考にするのもいいが、観光パンフレットを眺めるとまたひと味違った見方ができる。例えば神奈川県横浜市では、三渓園のような有名な場所から全国向けの観光ガイドに載らないような場所までカバーしている。また、全国の自治体が、どのように観光産業の魅力アップをおこなっているかを知ることができる重要な資料にもなるだろう。

　図書館が観光情報を提供するというだけでもおもしろい取り組みだが、これだけ大規模に展開しているのは、全国的に見てもめずらしい事例である。

撮影：岡本真
2013年6月26日

■**佐賀市立図書館**　http://www.lib.saga.saga.jp/
佐賀県佐賀市天神3-2-15
Tel：0952-40-0001　Fax：0952-40-0111　E-mail：sc-tosyo@lib.saga.saga.jp

File 039

「私たちはこんな図書館です」
エントランスで自己紹介

伊勢市立小俣図書館
［三重県］

　図書館を大切にしてほしい、利用してほしい、という思いはどの図書館も同じだろう。しかし対人関係で相手がどんな人かわからないままでは仲よくなれないのと同様に、図書館と利用者の関係も、相手がどんな存在かがわかってこそ親密になるものであり、その逆もまたしかりだ。

　伊勢市立小俣図書館では、入り口に開館からの歩み、そして前年のイベントの振り返りを展示している。当たり前のように存在するのではなくて、市民に対して日々説明をし続けることで、図書館の大切さを伝えることや活用の意識を育むことにもつながるのである。

撮影：嶋田綾子
2013年4月14日

■伊勢市立小俣図書館　http://iselib.city.ise.mie.jp/
三重県伊勢市小俣町本町2
Tel：0596-29-3900　Fax：0596-29-3902　E-mail：obatalib@jupiter.ocn.ne.jp

File 040

休館日のガッカリを
緩和する情報発信術

南風原町立図書館
[沖縄県]

　休館日に図書館に来てしまったときの失望感は、なかなか大きい。近所であればまだしも、電車やバスを乗り継いで来館した利用者にとっては、1日を台なしにした気持ちになる。

　そこで南風原（はえばる）町立図書館では、休館日に来館した利用者のために、「琉球新報」などの新聞書評やお知らせを屋外に張り出していて、最低限の情報発信をおこなっている。もちろんガッカリ感は拭い去れないが、「せっかく来たんだし、ちょっと書評でも見て帰ろう」という気分にもなる。そこでおもしろい本と出会えればしめたものだ。すてきな本との出会いは、その日のガッカリを埋め合わせるには十分な出来事なのだから。

撮影：岡本真
2013年2月24日

■南風原町立図書館　http://www.town.haebaru.lg.jp/docs/2013022800303/
沖縄県島尻郡南風原町字喜屋武236
Tel：098-889-6400　Fax：098-888-3265

子ども扱いしない
分類サイン

嘉手納町立図書館
[沖縄県]

　どうして人は大人になると、子どもの頃に子ども扱いされたときのことを忘れてしまうのだろうか。子ども扱いされてうれしかったという人は、あまり多くはないはずだ。
　嘉手納町立図書館の児童書コーナーの分類サインは、子どもの利用者に対して子ども扱いしていないことが特徴的だ。例えば「言語」は児童コーナーでは「ことば」くらいに易化して分類することが多い。しかし、この図書館では「言語」「産業」「自然科学」「社会科学」と、大人と同じ言葉で分けられている。その代わり、その下には解説が丁寧に書かれている。
　本に興味を持つ子どもをきちんと大人扱いする工夫であるとともに、子どもたちが早くから図書館内の「土地勘」を養うきっかけにもなる事例である。

撮影：岡本真
2013年2月24日

■嘉手納町立図書館　http://www.town.kadena.okinawa.jp/rotaryplaza/tosyokan.html
沖縄県中頭郡嘉手納町字嘉手納290-9
Tel：098-957-2470

File 042

書架に「らしさ」を

西ノ島町立中央公民館図書室
[島根県]

　図書館が立つ場所や規模に応じて、書架の形や展示方法も本来は変えるべきである。西ノ島町立中央公民館図書室では、大工仕事が得意な島の人による手づくりの書架があり、ぬくもりを感じる風景を生み出している。この土地らしい書架である。
　またこの書架は、面陳で本を立てかけられるつくりで手に取りやすい。

　そもそもこの図書館はフェリーターミナルだった建物の2階に位置していて、蔵書数では決して多いとはいえず、広くもない。そこで、見やすく手に取りやすい展示方法に特化するとともに、通路に書架を置くことで、図書館に入らなくても目に入りやすい工夫を施しているのだ。まさにこの図書館らしい書架である。

撮影：岡本真
2013年5月14日

■西ノ島町立中央公民館図書室
http://www.town.nishinoshima.shimane.jp/bunya/b_kyoiku-bunka/b_koryu/12
島根県隠岐郡西ノ島町大字浦郷544-38
Tel：08514-6-0171　Fax：08514-6-1028

File043

「みんなでつくる」が実感できる
図書館づくり

海士町中央図書館
［島根県］

　まちづくりで話題の海士町だが、海士町中央図書館は島のみんなでつくる図書館なだけあって、意見の集め方にもいい工夫がある。「こんな図書館あったらいいな」と書かれた用紙に、誰でもアイデアや意見を書き込めるようにしているのである。ポジティブな「あったらいいな」を集めることを示しているからこそ、建設的な意見が集まるというものだ。また、集まったアイデアや意見には図書館員がきちんと回答して、利用者と対話している。

　このアイデア募集で実現したのが、館内のカフェ「Library Cafe」だ。LibraryCafeでは、なんとコーヒーが無料だ。しかし、「50円程度の寄付をいただけると助かります……」と小さく書いてある。コーヒー1杯からでも寄付の気持ちを持つことで、「自分たちの図書館」という思いが利用者にも芽生えるというものだ。海士町のような地域だからこその試みかもしれないが、このマインドは見習いたい。なお、海士町中央図書館はこうした取り組みが評価され、「Library of the Year 2014」を受賞している。

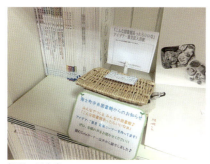

撮影：岡本真
2013年5月14日

■ **海士町中央図書館**　http://lib.town.ama.shimane.jp/
島根県隠岐郡海士町大字海士1490
Tel：08514-2-1221　Fax：08514-2-1633

File 044

住宅地図のコピー問題、
解決策を図書館で案内

三島市立図書館
［静岡県］

　国内最大手の地図情報会社・ゼンリンの住宅地図は、たとえ1枚でも著作権法上、図書館ではその全部をコピーすることはできない。というのも、基本的に図書館での著作物の複製は、その半分までが上限になっているからである。地図は、1枚で一著作物の扱いになるため、半分しかコピーできないのだ。しかしこの「住宅地図のコピー問題」をめぐって、ときおり利用者との間でトラブルが起こる。そこで三島市立図書館では近所のコンビニエンスストア・セブンイレブンでゼンリンの住宅地図の出力サービスがおこなわれていることを案内している。

　図書館でできないことは、それができる外部のサービスをきちんと提案していく。それが利用者にとって有益な情報である場合は、出し惜しみする必要はないのだ。

撮影：嶋田綾子
2013年6月14日

■三島市立図書館　http://tosyokan.city.mishima.shizuoka.jp/
静岡県三島市大宮町1-8-38
Tel：055-983-0880

新聞書評、「地元の本」にもっと光を

千葉市中央図書館
[千葉県]

　新聞の書評欄は図書館でよく展示されているが、千葉市中央図書館では「新聞地方版に紹介された千葉の本」として、新聞地方版に掲載された千葉県に関する資料や県内在住者の著作物を新聞記事とともに展示・紹介している。

　利用者にとっては、地域の身近な出来事として本を手に取ることができるとともに、大手新聞社に偏りがちな図書館の新聞書評の展示に、地方新聞社の書評を有効に生かしている事例である。

　また、千葉に関連した本に絞って書かれた書評が集まるので、この展示自体も特徴的で資料性が高い。ほかの地域でもぜひ試みてほしい事例だ。

提供：千葉市中央図書館

■ **千葉市中央図書館**　http://www.library.city.chiba.jp/facilities/chuou/
千葉県千葉市中央区弁天3-7-7
Tel：043-287-3980　Fax：043-287-4074　E-mail：kanri.LIB@city.chiba.lg.jp

File 046

データベースの価値を活用法とともにアピール

沖縄県立図書館
[沖縄県]

　沖縄県立図書館では、図書館で利用することが可能なデータベースの案内を掲示して周知しているが、同時に活用の方法も提案する取り組みをしている。

　就職や仕事に役立つ情報を提供するために設置されたコーナーで、資料の展示とあわせてデータベースを活用する方法を案内しているのである。データベースは、何が利用できるのかがわかりづらいのと同時に、何に活用できるかもわかりづらいところがある。仕事関係の資料コーナーでデータベースも案内することで、仕事に関心がある利用者がスムーズにデータベースの価値を知り、利用することが期待できる。

　図書館にあるデータベースを周知する活動の模範的な事例と言えるだろう。

撮影：岡本真
2013年7月8日

■ 沖縄県立図書館　http://www.library.pref.okinawa.jp/
沖縄県那覇市寄宮1-2-16
Tel：098-834-1218　Fax：098-834-8157

File 047

青空文庫の
表紙コンテスト

仁愛女子短期大学附属図書館
[福井県]

　青空文庫とは、日本で著作権保護期間が過ぎた作品を、オンラインで提供する電子図書館である。収集された作品は、ボランティアによって作成された文字ファイルとして青空文庫のウェブサイトに掲載され、利用者はダウンロードして読むことができる。非常に有意義な活動だが、その存在を知らない利用者もいるだろう。

　そこで仁愛女子短期大学附属図書館では、ウェブサイト「青空文庫」（http://www.aozora.gr.jp/）を読んでもらった人に、「その作品を読んでみたくなるような表紙イラストを作成する」というコンセプトで作品を募っている。青空文庫を知ってもらうきっかけをつくるだけではなく、自分がつくった作品が広報媒体になるという表現の機会をも生み出しているのだ。なお、優秀作品は印刷・製本し、文庫として同館の蔵書にしている。

提供：仁愛女子短期大学附属図書館

■仁愛女子短期大学附属図書館　http://www.jin-ai.ac.jp/lib/
福井県福井市天池町43-1-1
Tel：0776-43-6606　Fax：0776-56-8651　E-mail：flib@jin-ai.ac.jp

File 048

ゴミになるレシート芯、アイデア次第で大変身

甲府市立図書館 ［山梨県］
桑名市立中央図書館 ［三重県］

三島市立図書館 ［静岡県］
白河市立図書館 ［福島県］

　貸出や予約の連絡票に使うレシートの芯は、いくらでも生まれるゴミである。しかし小さな円柱状のレシート芯は、いろいろなことにリサイクルできる。
　甲府市立図書館では組み上げて展示台に、桑名市立中央図書館では筆記用具の支持材に、三島市立図書館と白河市立図書館ではブックスタンドに使われている。このうち、三島市立図書館と白河市立図書館の取り組みは、「LRG」創刊号のFile014で紹介した川崎市立川崎図書館の事例を取り入れたものだ。

甲府市立図書館
撮影：嶋田綾子　2013年4月12日

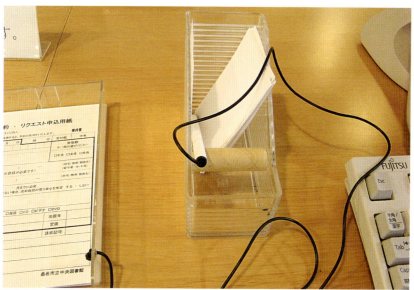

桑名市立中央図書館　撮影：嶋田綾子　2013年4月14日

三島市立図書館
撮影：嶋田綾子　2013年6月14日

白河市立図書館
提供：白河市立図書館

■**甲府市立図書館**　http://libnet.city.kofu.yamanashi.jp/lib/
山梨県甲府市城東1-12-33
Tel：055-235-1427　Fax：055-227-6766　E-mail：kyotosho@city.kofu.lg.jp
■**桑名市立中央図書館**　http://kcl.kuwana-library.jp/
三重県桑名市中央町3-79
Tel：0594-22-0562　Fax：0594-22-0795
■**三島市立図書館**　http://tosyokan.city.mishima.shizuoka.jp/
静岡県三島市大宮町1-8-38
Tel：055-983-0880
■**白河市立図書館**　http://library.city.shirakawa.fukushima.jp/opac/wopc/pc/pages/TopPage.jsp
福島県白河市道場小路96-5
Tel：0248-23-3250　E-mail：toshokan@city.shirakawa.fukushima.jp

好奇心をスイッチに
「誰も読んでいない本フェア」

苫小牧市立中央図書館 ［北海道］
国際基督教大学図書館 ［東京都］

　苫小牧市立中央図書館では、2013年の12月から14年1月まで、「誰も読んでいない本フェア」をおこなった。このフェアは名前のとおり、誰も借りていない本を集めて展示をすることで、これまで人気がなかった本に注目してもらおうと企画された。一度も貸出がない新書150冊が集められ、なかには約30年間、貸出がなかった図書まで含まれていたという。誰も読んでいないと言われるとついつい好奇心をそそられてしまう。

　このフェアは「北海道新聞」2014年1月8日付で掲載され、この新聞記事を見た南城市立図書館佐敷分館（沖縄県）も同じ内容のフェアを企画している。また2014年6月から7月にかけて、国際基督教大学図書館が実施して、同館の「Facebook」ページで職員が紹介したところ、テレビなどのメディアが取り上げ大反響となった。同館でのフェアでは、図書館職員が学生が興味を持ちそうな新書を1冊以上選び、自ら考えたキャッチコピーとともに約100冊を書棚に並べた。その後、山形県立図書館でも同様のフェアをおこなっている。

国際基督教大学
図書館
撮影：岡本真
2014年6月26日

■苫小牧市立中央図書館　http://www.tomakomai-lib.jp/
北海道苫小牧市末広町3-1-15
Tel：0144-35-0511　Fax：0144-35-0519　E-mail：info@tomakomai-lib.jp
■国際基督教大学図書館　http://www-lib.icu.ac.jp/
東京都三鷹市大沢3-10-2
Tel：0422-33-3306　Fax：0422-33-3669　E-mail：library@icu.ac.jp

File 050

書庫の本？
いいえ「蔵出し展示」です

多治見市図書館
［岐阜県］

　開架にあった資料は書庫に入ると、グッと利用が減ってしまうもの。そこで多治見市図書館では、書庫にしまった本を特定のテーマで集め、一定期間、展示している。利用機会が少ない書庫の本に、改めて光を当てるのが狙いだ。

　展示には「蔵出し」という表現を使い、利用者にレア感を演出している。さらに展示した本をリストアップし配布することで、展示終了後も気軽に本が借りられる配慮をしている。2014年9月に始まったこの取り組みは、マンガやライトノベルをはじめ、様々な切り口で順次、実施されている。

撮影：岡本真
2014年10月31日

■ **多治見市図書館**　http://www.lib.tajimi.gifu.jp/
岐阜県多治見市豊岡町1-55
Tel：0572-22-1247　Fax：0572-24-6351　E-mail：toshokan@tajimi-bunka.or.jp

File 051

「例規」のウェブ版、
きちんと橋渡し

高山市図書館煥章館
[岐阜県]

　条例・規則・要綱などの例規をオンラインで提供している自治体は多いが、そのサービスを知らない人がほとんどかもしれない。そこで高山市図書館煥章館では、行政資料を配架している書架の一角に手製のボードを作成し、「高山市ホームページ→高山市行政情報→高山市例規集・要綱集」と、その情報にたどり着くまでのサイト名を、矢印を使ってシンプルにアナウンスしている。

　行政資料を保存していくことは図書館の重要な仕事ではあるが、印刷資料はどうしても情報の提供が遅くなる。最新の情報を提供できるインターネットなど、様々な方法で情報を得ることができるいま、印刷資料とデジタルメディアの橋渡しを意識した案内は非常に大切である。

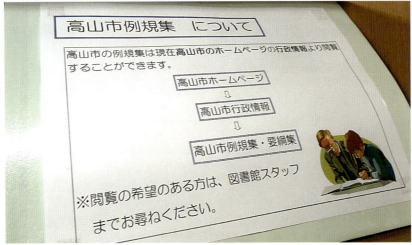

撮影：岡本真
2014年9月11日

■高山市図書館煥章館　http://www.library.takayama.gifu.jp/
岐阜県高山市馬場町2-115
Tel：0577-32-3096　Fax：0577-32-3098　E-mail：library@library.takayama.gifu.jp

File052

ライトノベルを
本の世界の入り口に

秋田市立中央図書館明徳館
[秋田県]

　中学生・高校生などの児童文学を卒業した若者向けの本を指す「ヤングアダルト」。通常、ヤングアダルトコーナーと呼ばれる特設コーナーには、ライトノベルを中心とした若者向けの小説ばかりを置くことが多い。しかし秋田市立中央図書館明徳館では、ライトノベルのテーマとも親和性が高いSF辞典や、ライトな小説を書いてみたくなった中高生向けに「小説の書き方」といった実用書などもあわせて置いている。こうすることで、普段は手にすることがないジャンルの本に興味を持ってもらう機会を増やし、ライトノベルを入り口に、本の広い世界を冒険することを奨励している。

　また、特設コーナーという目立つ場所にこのような本を置くことで、中高年も手に取ることがあるという。中高生向けの実用書は、イラストもあり、大きな文字でわかりやすく書かれているため、中高年向けにもなるのだ。棚の構成を見直したことが、幅広い年齢層の利用者を増やすきっかけになっているようだ。

提供：秋田市立中央図書館明徳館

■秋田市立中央図書館明徳館　http://www.lib.city.akita.akita.jp/
秋田県秋田市千秋明徳町4-4
Tel：018-832-9220　Fax：018-832-6660　E-mail：ro-edml@city.akita.akita.jp

地域資料を
地図で案内

播磨町立図書館
[兵庫県]

　播磨町立図書館の地域資料コーナーでは、各自治体の資料を置く際、仕切り板の代わりに地図を描いた箱を配置している。こうすれば、引っ越したばかりの人や、近隣自治体の場所があやふやな人でも、位置関係が明確にわかるだろう。ちょっとした工夫だが、わかりやすさは格段に変わる。

　普段なかなか手に取ることが少ない行政資料だが、こうした工夫で利用が促進される可能性もある。また、箱状の仕切りはアイキャッチにもなり、遠くからでも興味を引くだろう。

提供：播磨町立図書館

■**播磨町立図書館**　https://www.lib100.nexs-service.jp/harima/
兵庫県加古郡播磨町東本荘1-5-55
Tel：079-437-4500　Fax：079-437-5362　E-mail：library-harima@bb.banban.jp

File 054

その機内誌・車内誌、ここでしか読めません

長崎市立図書館
[長崎県]

　飛行機の機内誌や新幹線の車内誌は、全国の観光情報や各地の耳寄り情報などを掲載しているほか、著名な作家の連載などもあり、ひそかなファンも多い。しかし広く流通しているものではないため、なかなか手に取ることができない場合が多いものだ。
　長崎市立図書館では、そんな機内誌や車内誌、その他様々なフリーペーパーのなかから継続して所蔵したいものを選定し、航空会社や交通会社などに依頼して寄贈を受けて、保存・展示をおこなっている。制作者側でも保存していないことがあるため、資料の保存という意味でも価値がある試みだ。

撮影：岡本真
2014年6月13日

■ **長崎市立図書館**　http://lib.city.nagasaki.nagasaki.jp/
長崎県長崎市興善町1-1
Tel：095-829-4946　Fax：095-829-4948　E-mail：info@lib.city.nagasaki.nagasaki.jp

File055

書庫内での避難指示を床に

愛媛大学図書館
[愛媛県]

膨大な数の本が狭いスペースに収められる書庫は、いわば紙の壁の密集地帯だ。地震などの災害時に、人が下敷きになると非常に大きな被害を生む危険性がある。普段からその危険性を承知した図書館員が出入りするだけであれば対策もとれるが、危険性を意識しない人が出入りする場合、例えば大学図書館のように学生が出入りする場合、注意が必要である。

そこで愛媛大学図書館では、書庫の床に避難場所をマーキングして職員や学生が避難時にすぐ行動を起こせるよう工夫している。阪神・淡路大震災や東日本大震災の教訓もある。多くの図書館で取り入れてほしい工夫である。

撮影：岡本真
2014年10月15日

■愛媛大学図書館　http://www.lib.ehime-u.ac.jp/
愛媛県松山市文京町3
Tel：089-927-8845　Fax：089-927-8847　E-mail：soumu@lib.ehime-u.ac.jp

子どもにも
ブックバスケットを

多治見市図書館
[岐阜県]

　書架から選んだ本を入れるためのブックバスケットを用意している図書館は多い。バスケットがあれば、たくさんの本を選んでも館内で快適に持ち運ぶことができる。このバスケット、多くの図書館がスーパーマーケットにあるものと同じものを用意しているが、一つ難点がある。子どもが持つには大きすぎるということだ。

　そこで多治見市図書館では、子ども向けに小さなブックバスケットを用意している。子ども用のブックバスケットは、子どもたちが選んだ本をすぐに入れて持ち運べるように、子どもに人気がある「絵本コーナー」の付近に置いている。

　小さなバスケットがあれば、子どもたち自身で本を選び、持ち運び、借りることができる。小さな取り組みだが、図書館で子どもたちが自発的に本と向き合う方法を養っているとも言えるだろう。

撮影：岡本真
2014年10月31日

■ 多治見市図書館　http://www.lib.tajimi.gifu.jp/
岐阜県多治見市豊岡町1-55
Tel：0572-22-1047　Fax：0572-24-6351　E-mail：toshokan@tajimi-bunka.or.jp

File 057

コミュニティーバスで図書館案内

浦安市立中央図書館
[千葉県]

　路線バスや電車などが通らない地域で移動手段を補うコミュニティーバスは、病院や市役所など公共性が高い施設を巡回する「地域の足」ともいうべき存在だ。浦安市立図書館では、そんな市民の生活に寄り添うコミュニティーバス・おさんぽバスの車内にPRポスターを貼って、図書館の利用を促している。ポスターには分館も含めた4館の図書館が紹介されていて、各図書館に行くにはどの停留所で降りればいいのかが一目でわかるようになっている。

　また、利用者が車内のポスターを見たことを伝えると、図書館からプレゼントがもらえるというサービスもおこなっている。図書館へのバス利用を促すいい工夫だ。

撮影：嶋田綾子
2013年10月11日

■浦安市立中央図書館　http://library.city.urayasu.chiba.jp/
千葉県浦安市猫実1-2-1
Tel：047-352-4646

オンラインデータベースの案内を
パソコンの壁紙に

紫波町図書館
［岩手県］

　日本の図書館で利用される資料は紙に重点が置かれることが多く、データベースの利用促進は多くの図書館の課題になっていることだろう。

　紫波町図書館ではパソコンの壁紙にちょっとした工夫をしている。実体が見えないため認知の機会が少ないオンラインデータベースの案内をパソコンの壁紙にすることでPRするとともに、利用を促しているのである。

　壁紙の案内どおりにカウンターに申し込みをすると、そのパソコンで案内されている農業関係の雑誌記事、新聞記事、資料などの各種データベースにアクセスすることができる。利用者に有用と思えるサービスを、まずは知ってもらおうとする努力が感じられる取り組みである。

撮影：岡本真
2014年4月16日

■ 紫波町図書館　http://lib.town.shiwa.iwate.jp/
岩手県紫波郡紫波町紫波中央駅前2-3-3 オガールプラザ中央棟1F
Tel：019-671-3746　　Fax：019-672-3618

File059

選定されなかった
教科書も収集

瀬戸内市牛窓町図書館
[岡山県]

　自治体の広報誌と同様に、利用者に見落とされがちな図書館の資料が教科書だ。ここで紹介するのは、File066（本書85ページ）のような都道府県が設置する教科書センターからの事例ではなく、教科書を資料として自主的に収集している図書館の事例である。

　教科書センターをはじめ、図書館における資料としての教科書収集は、一般的には自治体がおこなった検定に合格し採用されたものを対象にするケースがほとんどだ。そんななか、採用されなかった教科書も図書館資料として受け入れているのが瀬戸内市牛窓町図書館である。

　採用されなかった教科書の存在を知ることは、選定の際、ほかにどのような選択肢があったのかを知る機会にもなる。その選択肢を保存して、すべての人に提供できる状態にしておくことは、今後の教育に重要な意味を持つのではないだろうか。

撮影：岡本真
2015年1月15日

■瀬戸内市牛窓町図書館　http://lib.city.setouchi.lg.jp/
岡山県瀬戸内市牛窓町牛窓4911
Tel：0869-34-5663　Fax：0869-34-3435

File 060

友好都市の
広報誌を展示

安曇野市中央図書館
[長野県]

　東日本大震災以降、友好都市は単に友好を深めるだけではなく、防災協定や自治体連携という側面で重要な位置づけになっている。そんな友好都市の理解を深めるために、図書館でできることは何だろうか。

　友好都市に関する資料をそろえるのは基本ではあるが、資料費削減が求められていることが多い昨今、難しい面もある。このような状況のなかで、ほぼ無料でそろえられる生きた資料が各自治体の広報誌である。そこで安曇野市中央図書館では、安曇野市の友好都市である江戸川区（東京都）・武蔵野市（東京都）・福岡市（福岡県）の広報誌をそれぞれファイリングして、「安曇野市友好都市の広報誌（広報誌名）」という背ラベルを貼って展示している。新聞コーナーの奥という配置場所も、文脈的に違和感がない。

撮影：岡本真
2015年4月1日

■ **安曇野市中央図書館**　http://www.city.azumino.nagano.jp/site/tosho/list32-109.html
長野県安曇野市穂高6765-2 穂高交流学習センターみらい内
Tel：0263-84-0111　Fax：0263-84-0116

File 061

雑誌用書架を
行政情報コーナーに転用

琴浦町図書館
[鳥取県]

　新着図書コーナーを各自治体の広報誌を置く場所に転用している事例はFile068（本書87ページ）で紹介するが、こちらは雑誌用の書架を行政情報コーナーに転用している事例である。川西市立中央図書館の事例（「LRG」第14号のFile331を参照）でも触れているが、図書館を行政情報の発信地としてPRすることは、図書館の地位向上に役立つ。

　琴浦町図書館では、雑誌用の書架に市役所の各課を割り当て、各課の資料を分類しながら配置している。また、書架の側面には町の公式ウェブサイトをプリントしたものを新着順に貼り付けている。たったこれだけのことではあるが、この作業をとおして図書館職員が市の情報に必ず目を通すことにもなり、自治体の動向に詳しくなるという効果も期待できる。取り組んで損はないはずだ。

撮影：岡本真
2015年4月14日

■**琴浦町図書館**　http://www.town.kotoura.tottori.jp/lib-manabi/
鳥取県東伯郡琴浦町徳万266-5 琴浦町生涯学習センターまなびタウンとうはく内
Tel：0858-52-1115　Fax：0858-52-1155　E-mail：lib-manabi@town.kotoura.tottori.jp

File 062

フリーペーパーの積極的収集

射水市新湊図書館
[富山県]

　自治体の広報誌を積極的に収集するFile068（本書87ページ）と近いが、無料で配られているフリーペーパーも図書館資料として収集し、展示している事例を紹介したい。

　射水市新湊図書館の雑誌向け書架では、自治体の広報誌と並んで、フリーペーパーや関連の機関誌も積極的に収集する取り組みが見られた。

　フリーペーパーといえどあなどるなかれ。例えば「Voters」（明るい選挙推進協会）などは自治体行政について調べたいときにとても役立つ。また、富山県ならではの「ぴーぽぱーぽ」（富山県警察本部総務課広報室）というご当地でしか手に入らない機関誌もある。農林・水産や建築、金融、防災など、行政職員を意識したラインアップになっているようにも感じられたが、誰にとっても「使える」フリーペーパーが集められていた。

撮影：岡本真
2015年5月29日

■射水市新湊図書館　http://lib.city.imizu.toyama.jp/
富山県射水市三日曾根3-23 新湊中央文化会館内
Tel：0766-82-8410　Fax：0766-84-6733

File 063

「他巻書庫」の表示

白河市立図書館
［福島県］

　コミックスを所蔵している図書館の悩みの一つに、巻数がどんどん増えて、複数のタイトルを並べづらいというものがあるだろう。コミックス以外の開架資料のスペースを圧迫してしまう懸念もある。そんな悩みを解決する工夫を、白河市立図書館で見つけたので紹介したい。

　白河市立図書館では、「他巻書庫」というラベルをつくってコミックス第1巻の背表紙に貼り、第2巻以降は書庫に置くという工夫をしている。第2巻以降を利用したい場合は、カウンターに申し込むという方式だ。

　配架スペースの確保に困りがちな全集や百科事典に対応するための事例、与那原町立図書館（「LRG」第4号のFile151を参照）や伊丹市立図書館ことば蔵（「LRG」第9号のFile222を参照）と同じ方式とも言えるが、このラベル表記はそれらの事例にも採用できる汎用性が高い優れた取り組みである。

撮影：岡本真
2015年1月30日

■**白河市立図書館**　http://library.city.shirakawa.fukushima.jp/opac/wopc/pc/pages/TopPage.jsp
福島県白河市道場小路96-5
Tel：0248-23-3250　E-mail：toshokan@city.shirakawa.fukushima.jp

File 064

AV（視聴覚）資料にも地域色を

大洲市立図書館
[愛媛県]

　地域に関する郷土資料というと、すぐさま本を思い起こしがちだが、図書館が集めている資料は本だけではない。地域に関わりがあるCDやDVDも、取り上げてみてはどうだろうか。

　愛媛県の大洲市立図書館のAV（視聴覚）資料コーナーでは、通常の配架とは別に「大洲関係」と「愛媛関係」というテーマでCDとDVDをまとめている。同館では、AV資料をケースごと貸し出すので、貸出中でもラインアップがわかるように、一覧表をつくって請求記号とタイトルとともに作品の説明も追加している点もすばらしい。地元にゆかりがある映像作家などの切り口だけではなく、地元がロケ地になった映画などもピックアップしていて、切り口の工夫次第でどこの地域でも比較的簡単に資料が集まるはずだ。

撮影：岡本真
2015年11月24日

■大洲市立図書館　https://library.city.ozu.ehime.jp/
愛媛県大洲市東若宮17-5
Tel：0893-59-4111　Fax：0893-59-4123

File 065

司書が
地域資料を制作

今治市立中央図書館
[愛媛県]

　地域に貢献する図書館サービスの柱の一つとして、ビジネス支援に取り組む図書館が増えている。なかでも地場産業の支援として、その産業の関連資料を集めている図書館は多いだろう。しかし、悩ましいのが資料が集まらないケースだ。例えば、愛媛県今治市といえばタオルの町だが、今治市立図書館が地元産業についての資料を集めたところ、戦後から現代までの資料が少ないという課題が残ったという。

　そこで図書館では、現代のタオル産業を支える関係者にインタビューして、そのオーラルヒストリーを残していく「タオルびと」制作プロジェクトに取り組んでいる。城西大学の研究者・辻智佐子氏と司書らでつくるこのプロジェクトの成果は、図書館の公式ウェブサイト上でデータを公開しているが、それを館内でもパネルにして掲示するという、O2O（Online to Offline）のサイクルができている。

　司書が自ら地域資料を制作する取り組みは、生半可にはできない。とにかくすばらしいのひと言である。

> **関連情報**
> 「タオルびとの記録」（http://www.library.imabari.ehime.jp/towelbito/）[2017年3月15日アクセス]

撮影：岡本真
2015年1月30日

■今治市立中央図書館　http://www.library.imabari.ehime.jp
愛媛県今治市常盤町5-203-2
Tel：0898-32-0695　Fax：0898-24-2613　E-mail：tosyokan@minos.ocn.ne.jp

File066

教科書センターに
検定意見書・修正表も

静岡市立中央図書館
[静岡県]

　File059（本書78ページ）で紹介したように、館内に教科書センターを配置して、教科書の閲覧だけでなく、蔵書として貸し出す図書館が増えている。

　採用された教科書を並べるだけの事例が多いなか、静岡市立中央図書館では、教科書を採用する検定の際にまとめられた検定意見書・修正表も手に取れるように配架している。文部科学省によれば、全国には図書館や教育委員会などに都道府県が設置する教科書センターが941カ所ある（2015年8月現在）とのこと。ほかの図書館にある教科書センターではどのような取り組みがおこなわれているのか、今後も注目していきたいところである。

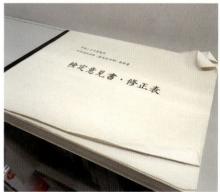

撮影：岡本真
2015年11月8日

■静岡市立中央図書館　http://www.toshokan.city.shizuoka.jp/
静岡県静岡市葵区大岩本町29-1
Tel：054-247-6711　Fax：054-247-9971　E-mail：chuo-library@city.shizuoka.lg.jp

File 067

カフェメニューに見立てた
テーマ展示

恩納村文化情報センター
[沖縄県]

　2015年4月に恩納村にオープンした恩納村文化情報センターの展示コーナーで、ほかには見られないひと工夫があったので紹介したい。
　「Yomuzou（よむぞう）」は恩納村文化情報センターのキャラクターだが、「Yomuzou Cafe」と名づけられた展示コーナーに並べられたのは、「カフェ」をテーマに集められた本だ。そして展示コーナーの名前のとおり、このコーナー自体が架空の「カフェ」になるような遊び心がある仕掛けをしている。なんと、本のタイトルと請求記号をメニューとして掲載しているのだ。
　展示コーナーに本を面出しして並べると、どうしても棚のスペースが足りなくなってしまうが、このように掲示物にひと工夫することで、展示の奥深さを表現することができるのだ。

撮影：岡本真
2015年7月18日

■ **恩納村文化情報センター**　http://www.onna-culture.jp/
沖縄県恩納村字仲泊1656-8
Tel：098-982-5432　E-mail：onnalib@ovcic.jp

File 068

県内自治体の広報誌を
目立つところに

和気町立佐伯図書館
[岡山県]

　2006年に佐伯町と合併してできた人口1万5,000人ほどの町、和気町にある佐伯図書館は、旧佐伯町時代に建てられた生涯学習施設学び館・サエスタの一室に入っている。

　佐伯図書館で見つけたキラリと光る事例は、県内自治体の広報誌を集め、面陳するコーナーである。入り口からも近く目立つ場所に設けられたそのコーナーは、本来であれば新刊図書のためのスペースだ。よく見ると、自治体の広報誌だけでなく、博物館や商工会が発行する広報誌もあり、その奥には持ち帰ることができるリーフレットも置いてある。

　各自治体の「いま」が記されている広報誌は、無料で手に入れることができる生きた地域資料だ。地域資料はファイルに綴じて奥へと押し込まれがちだが、すぐにしまいこんでしまうのはもったいない。2つ穴を開けて綴じ紐でまとめて面陳するだけでいい。予算削減の影響で空いてしまった雑誌コーナーなどを活用する際のアイデアとしても、ぜひ参考にしてもらいたい取り組みである。

撮影：岡本真
2015年1月14日

■和気町立佐伯図書館　https://library.town.wake.okayama.jp/
岡山県和気郡和気町父井原430-1 学び館サエスタ2階
Tel：0869-88-9112　Fax：0869-88-9008　E-mail：saekitosho@town.wake.lg.jp

File 069

新着の寄贈資料を紹介

長岡市立寺泊地域図書館
[新潟県]

　寄贈で受け入れた本は、どのようにPRしているだろうか。図書館によっては、寄贈で受け入れた本も、資料費で購入した本と一緒に新着図書コーナーに配架しているところもあるだろう。

　長岡市立寺泊地域図書館では、新着図書コーナーとは別に新着寄贈資料コーナーを設けて、どういった本が最近寄贈されたのか見せている。

　このようにすれば、寄贈受け入れの対象になる本をアピールすることもできるので、ぜひ通常購入の資料とは別に配架してみてほしい。寄贈をした側としても、自分が寄贈した資料がPRされればうれしいだろうし、寄贈という仕組みを使えば市民一人ひとりが図書館の資料を充実させる手助けができる、ということを知ってもらう絶好の機会にもなるだろう。

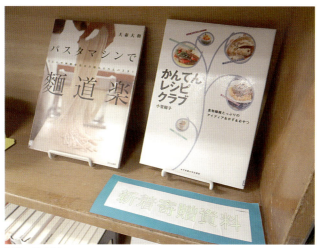

撮影：岡本真
2015年1月18日

■ 長岡市立寺泊地域図書館　http://www.lib.city.nagaoka.niigata.jp/
新潟県長岡市寺泊磯町7411-14 寺泊文化センター 2階
Tel：0258-75-5159　Fax：0258-75-3109

File070

福袋の中身公開展示

皇學館大学附属図書館
[三重県]

　File020（本書35ページ）で紹介してから各図書館で大ヒットしている図書館福袋だが、これをフル活用した展示コーナーをご紹介したい。

　図書館福袋は、その袋に詰められた本のテーマを示すことはあっても、中身については紹介しないのが一般的である。中身を知らずに、どんな本が出てくるかを楽しむのが福袋の醍醐味なのだ。

　さて、皇學館大学附属図書館では、返却された図書館福袋のセットから順に「福袋中身公開展示」と題したコーナーで、福袋に入っていた本を袋から取り出して展示している。福袋として貸し出されるときには明かされなかった選書担当者のオススメのひと言も添えてある。「福袋として選書された本」というコンセプトで利用者の興味を再び引くという、1粒で2度おいしい企画になっている。

撮影：岡本真
2015年1月20日

■皇學館大学附属図書館　http://www.kogakkan-u.ac.jp/html/library/p01.php
三重県伊勢市神田久志本町1704
Tel：0596-22-6322　Fax：0596-22-6329　E-mail：toshokan@kogakkan-u.ac.jp

File071

新聞で見る
昔の今日

安城市中央図書館
［愛知県］

　図書館に毎日足を運ぶ利用者に向けて、日替わりの情報提供をしたいと考えている図書館員は多いのではないだろうか。しかし、課題になるのが継続性だろう。この課題をうまく解決する、新聞を使った取り組みを見つけたので紹介したい。

　安城市中央図書館では、エントランスの「新聞で見る昔の今日」というコーナーで、10年前と40年前のその日の新聞記事を新聞縮刷版を使って展示するとともに、その年に起こった主な出来事もまとめている。展示に添えたパネルでは「自分や家族の誕生日、記念日の出来事を調べてみませんか」と呼びかけて、図書館が導入している新聞記事データベースの利用も促している。データベースからのプリントアウトをPRに使ってもよさそうだ。持っている資料を最大限に活用して、手軽に継続できる方法として、ぜひ参考にしてほしい。

撮影：岡本真
2014年8月19日

■**安城市中央図書館**　http://www.library.city.anjo.aichi.jp/
愛知県安城市御幸本町12-1　（※移転予定）
Tel：0566-76-6111　　Fax：0566-77-6066

File 072

本箱を
展示器具に活用

四日市市立図書館
[三重県]

　全集などの比較的高価な本が入っている本の箱（ケース）を、展示の際に活用している事例を紹介したい。写真は四日市市立図書館で見たものだが、一見しただけではそれが本のケースだとわからないくらいうまくできていた。

　まず、本のケースにカッターで切れ目を入れ、開いたものを折り返して組み直し、テープなどで固定してブックスタンドにする。本の箱を解体して、本来なら内側の部分を外側に折り返して、本のストッパーにするだけだ。

　本を立てかけるために、本の箱の背の直角部分をひし形にカットするところが難しいかもしれない。もちろん、本の箱のタイプによってはうまくいかないケースもある。ただ、これも捨てればゴミ。多少失敗してもかまわないので、身近にあまった本の箱があれば一度解体してみて、使えそうなものは組み直してみてはいかがだろうか。

撮影：岡本真
2015年12月23日

■四日市市立図書館　http://www.yokkaichi-lib.jp/
三重県四日市市久保田1-2-42
Tel：059-352-5108　Fax：059-352-9897　E-mail：tosyokan@city.yokkaichi.mie.jp

File073

行政資料の
一覧リストを提供

萩市立萩図書館
［山口県］

　File061（本書81ページ）で紹介した行政資料コーナーのPRは、小規模な場合なら一覧性も高く使いやすいというメリットがあるが、規模が大きくなった場合は逆に情報のボリュームがありすぎて近寄りがたいコーナーになってしまうだろう。萩市立萩図書館の行政資料コーナーは、見せ方の工夫でわかりやすいコーナーになっていたので紹介したい。

　同館の行政資料コーナーは、1連あたり6つの棚がまとまっているが、その1面を使って、市議会から商工会まで、あらゆる行政に関する資料をファイルにして面陳している。すばらしかった点は、その書架に「行政資料一覧」という表をつけて、行政の部・課ごとに刊行している資料のタイトルをまとめていることである。スペースの都合上、資料を重ねて置いているため、課ごとの仕切りにはオレンジ色の見出しをつけたり、小学校や中学校の要覧などはほかとは違った色のファイルを使うことで目立たせたりするなどしているのもすばらしい。

撮影：岡本真
2015年1月30日

■萩市立萩図書館　https://hagilib.city.hagi.lg.jp/
山口県萩市江向552-2
Tel：0838-25-6355　Fax：0838-25-5224　E-mail：hagi_library@city.hagi.lg.jp

File 074

書籍とDVDを
セットで展示

綾川町立生涯学習センター（綾川町立図書館）
[香川県]

　香川県綾川町の綾川町立生涯学習センターが、とても興味深い展示方法をとっていたので紹介したい。図書館ではメディア別に配架場所を分けるという大前提があるので、これを見たときにハッとした。それは、映画化された小説とそのDVDをセットで配架するという方法である。

　写真ではDVDと本をセットで面陳しているタイトルを紹介しているが、多くのタイトルはDVDと本を別々に棚差しで配架している。

　本コーナー「読んで観てコーナー」で展示されている資料は、図書館の蔵書検索システムでも探せるように別置扱いしているので、利用者が探し出せないという心配もない。図書館にあるメディアは本だけではない。視野が広い情報提供をぜひ試してみてほしい。

撮影：岡本真
2015年11月28日

■綾川町立生涯学習センター　http://www.town.ayagawa.kagawa.jp/docs/2012030900029/
香川県綾歌郡綾川町滝宮318
Tel：087-876-6100　Fax：087-876-6101

貴重資料をコピーで見せる

西条市立西条図書館
[愛媛県]

　所蔵していても開架には出せない貴重な資料の場合、問い合わせが多いものについては、書庫にある旨を掲示物で案内するという方法を採用している館は多い。西条市立西条図書館では、そのような資料について、利用案内を掲示するだけではない工夫が見られたので紹介したい。

　西条市は、名水百選にも選ばれているきれいな湧き水で有名な町である。水に関する資料を集めた郷土資料のコーナーで見かけたのは、絶版・品切れなどで入手が困難な資料の表紙のカラーコピーを厚紙に貼り付け、そこに所蔵先が貴重書庫であることや本の説明を追加して展示するという工夫である。目の前にない資料を手に取れるように展示することで、ただ掲示物で案内するよりもPRに成功していると言えるだろう。

撮影：岡本真
2015年11月26日

■ 西条市立西条図書館　http://lib.city.saijo.ehime.jp/index.html
愛媛県西条市大町1590
Tel：0897-56-2668　Fax：0897-56-3188　E-mail：saijotoshokan@saijo-city.jp

File 076

科学書を読ませる工夫

神奈川県立川崎図書館
［神奈川県］

　学術的な内容の専門的な本は小難しい、とっつきにくいなどのイメージから、小説などよりも読むのにハードルを感じるものだ。そんな一般的なイメージを崩して、学術的な専門書を気軽に手にしてもらおうと、神奈川県立川崎図書館がおこなっている工夫を紹介したい。

　同館では科学書を紹介するのに、本のなかから印象的なフレーズを引用して、カラーの書影と書誌情報をまとめたポスターをつくって、科学書が置いてある付近にかぎらず、館内のいたるところに貼り出している。思わず興味をそそられるフレーズばかりである。

　ノーベル賞の発表時に、社会的な注目と絡めて科学書をまとめて展示する方法もあるが、そのときだけ注目される展示になりがちだ。普段からできる取り組みとして、科学書以外の本でもぜひまねをしてほしい。

撮影：岡本真
2015年10月6日

■ 神奈川県立川崎図書館　https://www.klnet.pref.kanagawa.jp/kawasaki/
神奈川県川崎市川崎区富士見2-1-4
Tel：044-233-4537　Fax：044-210-1146

File 077

作家名の見出し板に
ひと工夫

長岡市立寺泊地域図書館・西地域図書館
[新潟県]

　長岡市立寺泊地域図書館では、地元に特にゆかりがある作家の作品を置く見出し板に切り絵によるデザインを施して、あわせて作家の紹介文も記している。

　同じ市内にある長岡市立西地域図書館では、作家名とあわせてその作家のジャンルを表示している。例えば「田辺聖子」なら「純文学」「恋愛」という具合だ。長野県の池田町図書館では、作家名に読み仮名をふっていた。読み方が難しい作家名は意外と多いので、あるとうれしい。

　この工夫のいいところは、書架の前に立ったときに、本の背表紙を邪魔することなく情報が追加できる点にある。ポップや貼り紙をつけると、あれこれと情報をたくさん追加したくなりうるさい書架になってしまいがちだが、このやり方なら、スペースが限られることもあり、ワンコメントでわかりやすい。ちょっとした工夫だが、ぜひ試してみてもらいたい。

長岡市立寺泊地域図書館
撮影：岡本真　2015年1月18日

長岡市立西地域図書館
撮影：岡本真　2015年1月18日

■**長岡市立寺泊地域図書館**　http://www.lib.city.nagaoka.niigata.jp/?page_id=446
新潟県長岡市寺泊磯町7411-14 寺泊文化センター 2階
Tel：0258-75-5159　Fax：0258-75-3109
■**長岡市立西地域図書館**　http://www.lib.city.nagaoka.niigata.jp/?page_id=442
新潟県長岡市緑町3-55-41
Tel：0258-27-4900　Fax：0258-27-4901　E-mail：lib.nisi@nscs-net.ne.jp

File078

館内で移動図書館車を
PRするコーナー

浦浦市立図書館
[沖縄県]

　比較的狭い市域に人口約11万人を抱える浦添市に立つ浦添市立図書館には、「としょまる」と名づけられた移動図書館車があり、市内33カ所のステーションを月2回巡回している。

　移動図書館車の存在はそのステーションの近隣に住む人のほかには知られることが少ないが、浦添市立図書館ではそのサービスを知ってもらおうと、館内で「移動図書館としょまる」コーナーを常設展示し、多くの人にPRしている。

　コーナーでは、初代としょまるの写真や、稼働中の2代目としょまるが運用された経緯、ステーションマップ、巡回コースごとのステーション所在地や利用者層などのシンプルな説明パネルが掲示されている。

　この展示は、「今日返却された本」を一時的に置いておくスペースの上にあり、利用者にとっては必ずチェックする場所だ。このような展示をすぐにまねしようとすると大変かもしれない。だが、参考にできるところから館内でのPRもぜひ積極的におこなってみてはどうだろうか。

撮影：岡本真
2015年2月10日

■浦添市立図書館　http://library.city.urasoe.lg.jp/
沖縄県浦添市安波茶2-2-1
Tel：098-876-4946　Fax：098-875-1772　E-mail：tosyokan@city.urasoe.lg.jp

郷土にまつわる
作家名の見出し板を工夫

西条市立西条図書館
[愛媛県]

　西条市立西条図書館では、文芸書棚に郷土ゆかりの作家の本も混配しているが、その際、わかりやすく識別するために見出し板のデザインを変えている。さらに代表作品などを説明する文章もあわせて表示し、それに加えて下には「郷土文学」というジャンルも明記しているところがポイントだ。

　郷土コーナーを別置して紹介するスペースがない場合に有効であり、利用者から見ても文芸書というくくりのなかで、郷土にまつわる作家に触れ合えるというメリットもある。File077（本書96ページ）で紹介した見出し板の工夫とあわせて参考にしてほしい。

撮影：岡本真
2015年11月26日

■**西条市立西条図書館**　http://lib.city.saijo.ehime.jp/index.html
愛媛県西条市大町1590
Tel：0897-56-2668　Fax：0897-56-3188　E-mail：saijotoshokan@saijo-city.jp

利用マナーアップを呼びかける
啓発的ポスター

原村図書館
[長野県]

　原村は人口7,500人ほどの村だが、蔵書規模7万冊ほどの図書館が整備されている。小さい図書館ではあるが、村を挙げて推進する地元米の消費拡大のために米粉を特集するコーナーをつくり、ホームベーカリーまで貸し出すなど、積極的に地元密着型のサービスを展開している。

　そんな原村図書館で見かけたのは、地元の小学生の手によるマナーアップを呼びかけるポスターだ。

　マナーアップの呼びかけは「～しないで！」「○○禁止」といった否定的な表現をよく見かけるが、こちらは優しく呼びかける内容になっているのもいい。

　このようなポスターをつくってもらうことで、子どもたち自身のマナーアップ教育を進めることにつながる。また、子どものつたない字でPRされれば、誰もが素直に従う気にならざるをえないだろう。

撮影：岡本真
2015年3月31日

■原村図書館　https://www.vill.hara.lg.jp/docs/1204.html
長野県諏訪郡原村12079-1
Tel：0266-70-1500　Fax：0266-79-7000

デザインが持つ"伝えるチカラ"

三田市立図書館
[兵庫県]

　三田市立図書館では、面陳の本が借りられた場合のことを考えて、本の後ろに「貸出中」であることがわかる様々なデザインのサインが用いられていた。デザイン自体のおもしろさもさることながら、「貸出中」とだけ表示するのではなく、貸出中の本は順番待ち、すなわち「予約ができる」こともPRしている点がすばらしい。

　サインを統一することで視認性を向上させることも大切かもしれないが、一つ一つに個性を出し、おもしろいと思わせることも重要である。

撮影：岡本真
2015年4月27日

■三田市立図書館　http://sanda-city-lib.jp/
兵庫県三田市南が丘2-11-57
Tel：079-562-7300　Fax：079-562-7301　E-mail：info@sanda-city-lib.jp

File 082

館内にある子育て資料を
マップで展示

千葉市中央図書館
[千葉県]

　千葉市中央図書館で見た「中央図書館・子育て応援マップ」は、図書館が本気で子育て支援をしていることがよく伝わってくる事例だったので紹介したい。このマップは、中央図書館1階の児童フロアの絵本があるエリアの一角に設けられた「子育て応援コーナー」に貼られているものだ。子育てに関連する資料が館内のどこにあるのかをわかりやすくまとめたものだが、資料だけではなく館内のどこに授乳室があるかといったことまで紹介している工夫もいい。また、関連資料として「おでかけガイド」や「親子関係」など、ひと味変わったテーマも紹介していて、子育てに関するあらゆることをカバーしていることがよく伝わってくるつくりになっている。

撮影：岡本真
2015年5月20日

■ **千葉市中央図書館**　http://www.library.city.chiba.jp/
千葉県千葉市中央区弁天3-7-7
Tel：043-287-3980　Fax：043-287-4074　E-mail：kanri.LIB@city.chiba.lg.jp

File 083

本を大切にしてもらう
マナーアップの呼びかけ方法

長崎市立図書館
[長崎県]

　図書館で貸し出している本は多くの利用者の手にわたることもあり、どうしても壊れやすい。そのため、大切に扱ってもらいたいという思いがある。この思いを利用者に伝えるために、乱暴な取り扱いで傷んだ本を展示することで、利用者の心情に訴えるという方法がこれまで多かったが、はたしてそれで十分だろうか。

　長崎市立図書館では、マナーアップを呼びかけるために、ひと味違った方法でPRしていたので紹介したい。「マナーアップキャンペーン」というネーミングで設けられたこの展示コーナーでは、破損した本を展示しながら、それを修理するボランティアの活動を紹介することで、本を大切にしてほしいと訴えているのだ。あわせて「"本のお医者さん"からの7つのお願い」というポスターをつくり、どんなことに気をつけるといいか、どうやったら本を汚さずにすむか、汚してしまった場合の修理は図書館へ任せてほしいといったことも伝えている。利用者が普段目にしない部分をPRに活用することで、図書館に対する理解を深めることができる取り組みである。

撮影：岡本真
2015年7月10日

■ **長崎市立図書館**　http://lib.city.nagasaki.nagasaki.jp/
長崎県長崎市興善町1-1
Tel：095-829-4946　Fax：095-829-4948　E-mail：info@lib.city.nagasaki.nagasaki.jp

File 084

公開書庫の本棚にPOP

共立女子大学・共立女子短期大学図書館
［東京都］

　公共図書館では「閉架」として利用者が入れない書庫が多いが、大学図書館では利用者層が限られていることもあって、入ることができる公開書庫も多い。

　共立女子大学・共立女子短期大学図書館の公開書庫では、資料活用のために、書架にPOPをつけるという工夫をしていたので紹介したい。

　大学図書館では、研究や勉強のための資料がほとんどであることから、利用者の行動パターンとしては、目的の本をピンポイントで検索して探しにいくことが多い。公共図書館のように書架を眺めて本を探す機会がほとんどないため、同館では目的の本を探すなかでも学生に気にとめてもらえるようにPOPをつけているのだ。主に映画の原作本が多いとのことだが、これは学生に選書をしてもらう取り組みのなかで採用されたそうだ。

　なお、同館は取材後に新図書館がオープンしている。

撮影：岡本真
2015年9月3日

■共立女子大学・共立女子短期大学図書館　http://www.kyoritsu-wu.ac.jp/lib/
東京都千代田区一ツ橋2-6-1
Tel：03-3237-2630　Fax：03-3237-2774　E-mail：kwuinfo.gr@kyoritsu-wu.ac.jp

File 085

「禁止」からの
巧みな脱却

里庄町立図書館
[岡山県]

　図書館での注意事項や守ってほしいことなどをアナウンスする際、「〜してはいけません」「○○禁止」といった表現を多用してしまう文化的貧困に陥ってはいないだろうか。里庄町立図書館では、そういった注意事項を「禁止」という言葉を極力使わずに、誰もが自主的に、気持ちよく使えるような表現を工夫している。

　例えば「勉強机貸出7原則」。これは、閲覧のための席で勉強をしてしまう学生に向けた掲示だ。よく見ると「飲食禁止」「パソコンは使用できません」という残念なお知らせを追加せざるをえなかったようだが、基本的には「こうしましょう」とルールやマナーを呼びかける表現を使っている。頭ごなしに否定する表現を使わずに利用案内も兼ねている点もすばらしい。

撮影日：2015年1月30日
撮影：岡本真

■ **里庄町立図書館** https://www.slnet.town.satosho.okayama.jp/
岡山県浅口郡里庄町里見2621
Tel：0865-64-6016　Fax：0865-64-6017　E-mail：slnet@slnet.town.satosho.okayama.jp

File 086

大人の
社会科見学図書館ツアー

上田市立上田図書館
[長野県]

　上田市立上田図書館のエントランスに掲示されていた「大人の社会科見学市内図書館バスツアー」というポスターがとてもよかったので、ぜひ紹介したい。

　上田市内には分館を含めて全部で7つの図書館があるが、その図書館をめぐり、いいところを見つけようという見学会が自主的に開催されている。バスツアーの主催は「としょかん実験室」というサークルで、上田市教育委員会も共催している。ここで紹介したポスターは、そのバスツアーに上田女子短期大学図書館サークルFLCが参加し、その成果をまとめたものとのことである。

　大学のサークルの成果であれば大学に掲示されるのかと思いきや、実際に見学した各図書館に掲示されていて、外からの目線が地元に還元されているところがおもしろい。図書館で働く側にとっては、当たり前すぎて気づかないような点も、「いいところ」としてまとめられているのである。

撮影：岡本真
2015年8月13日

■上田市立上田図書館　http://www.city.ueda.nagano.jp/toshokan/tanoshimu/toshokan/ueda/
長野県上田市材木町1-2-47
Tel：0268-22-0880　Fax：0268-28-1118

File 087

マステでおしゃれに

塩尻市立図書館／えんぱーく
[長野県]

　塩尻市立図書館で見つけた、小さいけれどキラリと光るひと工夫は、館内の掲示物を貼る際にマスキングテープを多用していることにある。通常、掲示物を貼る際、使い捨てる前提であればセロハンテープを使うところだが、耐久性や見た目があまりよくないところが気になる。塩尻市立図書館では、デザイン面でも機能面でも優れたマスキングテープをうまく使って、利用者のアイキャッチとしても活用している。特に白を基調としたデザインの書架のなかで、掲示物をうまく見せる工夫としてマスキングテープはベストな素材だろう。ハサミがなくても手で切れて、加工しやすく、キレイにはがせるという実務面でも申し分ない。

撮影：岡本真
2015年8月12日

■**塩尻市立図書館／えんぱーく**　https://www.library-shiojiri.jp/
長野県塩尻市大門一番町12-2 塩尻市市民交流センター内
Tel：0263-53-3365　Fax：0263-53-3369

File 088

書店売れ筋も紹介

市立大町図書館
［長野県］

　図書館でのベストセラーの扱いについては、物議を醸してひさしい問題の一つではあるが、市立大町図書館では「書店におけるベストセラー」という掲示物をつくり、書店が発信する情報と絡めた情報提供をおこなっている。

　新聞に掲載された本の売り上げランキング記事を切り抜いて、図書館で所蔵しているタイトルにはマーカーでラインをつけ、請求記号を赤ペンで追加するだけというシンプルなものだ。出典として何月何日付の何新聞かという情報も補記してある。

　情報の更新がなかなか難しい掲示板に、定期的にこのような情報を追加すると、掲示板という存在に利用者の興味を引くことができる。手軽にできるので、試してみてはどうだろうか。

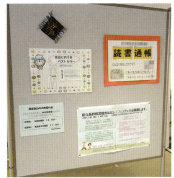

撮影：岡本真
2015年4月1日

■ **市立大町図書館**　http://www.city.omachi.nagano.jp/00025000/00025800/00025807.html
長野県大町市大町4710-6
Tel：0261-21-1616　Fax：0261-23-2131　E-mail：toshokan@city.omachi.nagano.jp

File 089

これぞ、レファレンス！

市立須坂図書館
［長野県］

　市立須坂図書館で見つけたちょっとした貼り紙が心に残っているので紹介したい。図書館の入り口にある階段の足元にあった写真のような貼り紙。花の名前の説明があり、その下にはその花が載っている本のタイトルと請求記号が記されていて「図書館には便利な本がたくさんあります。ご利用ください」と締めくくられている。見学にいったのは2015年夏のことだったので、すでにそこには「ツメクサ」はなく、貼り紙だけという状態ではあったが、この姿勢はすばらしいと思った。

　図書館のカウンターで問い合わせを受けることだけがレファレンスではないはずだ。身近な疑問を調べることができるレファレンスをPRするのに、シンプルでわかりやすい方法と言える。

撮影：岡本真
2015年8月13日

■**市立須坂図書館**　http://www.city.suzaka.nagano.jp/enjoy/shisetsu/tosyokan/
長野県須坂市大字須坂803-1
Tel：026-245-0784　Fax：026-245-4313　E-mail：s-tosyokan@city.suzaka.nagano.jp

File 090

文学全集に
収録作家を明示

草津町立温泉図書館
［群馬県］

　草津町立温泉図書館は、2015年11月3日に草津温泉バスターミナルの3階に移転リニューアルして、以前の図書館よりも広い書架を確保している。ここで紹介したいのは、同館の『群馬文学全集』に施されていた工夫である。それは、全集に所収されている地元が生んだ有名な作家名や問い合わせの多い作家名のラベルをつくり、背表紙に貼り付けるというものである。全集の背表紙はデザインが統一されていることがほとんどなので、ちょっとしたラベルがあるだけでも目を引き、手に取りやすくなるのだ。

　もちろん、背表紙もその本の世界観を表す装丁の一部であり、それを壊すことになりかねないほどやりすぎないことが重要なポイントとなる。また、伊丹市立図書館ことば蔵（「LRG」第9号のFile222を参照）のように、全巻の目次をまとめた印刷物を添えておけば、一覧性を高めながら、目的の作品を探しやすくする助けになること間違いなしだ。

撮影：岡本真
2016年1月7日

■草津町立温泉図書館　http://www.town.kusatsu.gunma.jp/www/contents/1486453585239/
群馬県吾妻郡草津町草津28 草津温泉バスターミナル駅3階
Tel：0279-88-7190

File 091

友好都市のプロフィールを
ひと言紹介

日出町立図書館
[大分県]

　2015年7月に新館オープンした日出町立図書館。ここで見つけたひと工夫を紹介したい。日出町では、14年11月27日に亘理町と友好都市を締結している。この縁は東日本大震災をきっかけに、町花がサザンカだという共通点からスタートしているとのことだ。

　日出町立図書館の一角では、友好都市である亘理町の町史や民話に関する資料を集めて、友好都市であることをPRするコーナーが設けられている。すばらしい点は友好都市に関する資料を集めただけでなく、亘理町がどのような町なのかをシンプルに紹介している点である。A4判ほどの掲示物で、亘理町の特産品であるいちごをあしらい、亘理町と日出町を比較しながら面積や人口といったまちの概要がまとめられている。

　平時から、友好な関係にある都市について住民同士が知っておくことは、防災上の観点からも重要だろう。

撮影：岡本真
2015年12月17日

■日出町立図書館　http://www.town.hiji.oita.jp/page/hiji-library.html
大分県速見郡日出町3244-1 BiVi日出2階
Tel：0977-72-3232　Fax：0977-72-6999

学習席に図書館報

筑西市立中央図書館
[茨城県]

　どこの図書館でも発行しているだろう図書館報や図書館だよりは、利用者にとって図書館の動向を知る重要な情報源だ。File060（本書79ページ）、File068（本書87ページ）、市立須坂図書館の事例（「LRG」第14号のFile373を参照）では、自治体が発行する広報誌を図書館内でどのようにPRしているかを取り上げた。では、自館で発信する情報については、館内でどのようにPRしているだろうか。多くの図書館がカウンター近くの掲示板などに貼り付けてPRをしているが、それで十分だろうか。

　茨城県の筑西市立中央図書館では、すべての学習席にハードタイプのクリアケースに入れた図書館報を置いている。学習席には図書館のヘビーユーザーはもちろんのこと、図書館資料を利用しない学生も集まることから、PRするには絶好の場所と言える。情報提供の方法として、手に取りやすいケースに入れている工夫も見逃せない。

撮影：岡本真
2015年11月5日

■筑西市立中央図書館　http://library-city-chikusei.jp/
茨城県筑西市下岡崎1-11-1
Tel：0296-24-3530　Fax：0296-20-1008

File093

イベント案内を手紙で

筑西市立中央図書館
[茨城県]

　イベントを告知する際、利用者とその告知をどのようなストーリーで結び付けるかを工夫することで共感や感動を与え、イベントに興味を持ってもらえるようになる。筑西市立中央図書館で見かけたイベントの告知方法が秀逸だったので紹介したい。

　学習席に「ご自由にお取りください」と書かれた手紙のようなものが置いてあった。開いてみると、なんとイベントの告知チラシだった。偶然かもしれないが、そのイベントの内容が「手紙の書き方講座」だったので、とても印象に残っている。印象に残っているだけでなく、チラシは複雑に折りたたんであったので元の場所に戻せなくなり、持ち帰らざるをえない状況になった。

　利用者が気にとめて印象に残る工夫は、このように利用者の目線や動きを想像してこそ成り立つということをぜひ覚えておいてほしい。

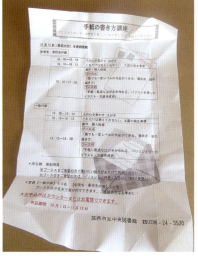

撮影：岡本真
2015年11月5日

■筑西市立中央図書館　http://library-city-chikusei.jp/
茨城県筑西市下岡崎1-11-1
Tel：0296-24-3530　Fax：0296-20-1008

File094

著者名表示に代表作を

藤枝市立駅南図書館
[静岡県]

　著者名を表す見出し板への工夫はFile077（本書96ページ）などで紹介したが、いずれも大人向けの一般文芸書での事例だった。ここでは児童向けの読み物や絵本での事例を紹介するので、こちらもぜひ参考にしてほしい。

　藤枝市立駅南図書館の絵本コーナーでは、絵本作家の著者名を書いた見出し板に読み仮名をふり、代表的な作品の名称もあわせて紹介している。絵本の場合、絵を描いた作家名よりも、物語を書いた著者名を手がかりに本を探すことが多いので、その著者の代表的な書名を目立つように表示しているのは、利用者にとって便利である。

　また、絵本の見出しは低書架に入れられることが多いため、利用者がぶつかってケガをしないようにと柔らかい素材を利用するという安全面での配慮を施している点もさすがである。

撮影：岡本真
2015年11月8日

■藤枝市立駅南図書館　http://lib.city.fujieda.shizuoka.jp/
静岡県藤枝市前島1-7-10 BiVi藤枝3階
Tel：054-636-4800　Fax：054-636-4808

File 095

ストーリーづくりを重視した
雑誌スポンサー制度

島田市立島田図書館
[静岡県]

「雑誌スポンサー制度」には、スポンサーが購入代金を寄付する場合や、雑誌そのものを寄付する場合など、様々なやり方がある。島田市立島田図書館で見かけた雑誌スポンサーの広告は、これまでに紹介した事例と違い、雑誌本体に広告を掲示するだけでなく、雑誌棚にも広告を掲示して広告効果を高める工夫が見られた。

また、広告の基本である「ストーリーづくり」を重視して、例えば、まちの板金工場が自動車雑誌のスポンサーになっていたり、ツアー会社が列車の時刻表雑誌のスポンサーになっていたりする。このようなセレクトが実現している背景には、購入代金を寄付してもらうという一般的な仕組みではなく、書店を通じて雑誌そのものを寄付してもらうという仕組みを採用しているからだろう。スポンサーになる企業としても、自社のPRにつながる雑誌のテーマを主体的に選ぶことができ、スポンサーになりやすい。広告を出す側にもきちんとメリットを感じてもらえることが、この制度の成功に欠かせないポイントである。

撮影：岡本真
2015年11月8日

■島田市立島田図書館　http://www.library-shimada.jp/
静岡県島田市本通3-3-3
Tel：0547-36-7286　Fax：0547-37-3469　E-mail：shimada-tosyo@city.shimada.lg.jp

File 096

リーディングトラッカーの館外貸出

恩納村文化情報センター
［沖縄県］

　読書の際に、あれば便利なツールを貸し出している取り組みを紹介したい。恩納村文化情報センターでは、読んでいる行だけに注目できるようにスリットが入った読書補助ツール「リーディングトラッカー」を貸し出している。本を借りる際に一緒に館外貸出もできるように、資料番号をつけたケースにセットされているが、図書館システム上では、資料区分を本とは別カウントにしてあるので、本の貸出冊数が減ることなく気軽に利用できるようになっている点も注目だ。

写真提供：恩納村文化情報センター

■恩納村文化情報センター　http://www.onna-culture.jp/
沖縄県恩納村字仲泊1656-8
Tel：098-982-5432　E-mail：onnalib@ovcic.jp

File 097

移動図書館車に
時計を設置

小郡市立図書館
[福岡県]

　小郡市立図書館には1987年から運用を続けている移動図書館車・しらさぎ号がある。2代目のしらさぎ号は89年に買い替えられ、現在動いているのは2002年に買い替えられた3代目となる。

　紹介したいのはこのしらさぎ号に施された時計である。移動図書館車が行く先は基本的に屋外であり、学校などの施設に訪問する場合はまだいいが、公園や団地など屋外のステーションに行く場合、利用者から時間を聞かれることが多かったので、外から見える位置に時計をつけたそうである。車の揺れにも耐えられるように船舶向けの仕様になっている。車内に置き時計を準備する事例は多いだろうが、車外からいつでも確認ができるようにしている事例は少ないのではないだろうか。

撮影：岡本真
2015年3月17日

■**小郡市立図書館**　http://www.library-ogori.jp/
福岡県小郡市大板井136-1
Tel：0942-72-4319

File098

持ち運べる
フロアマップ

新居浜市立別子銅山記念図書館
[愛媛県]

　館内のフロアマップを、どういった方法で提供しているだろうか。ほとんどの図書館ではA4判のコピー用紙に印刷して配布していることだろう。様々な図書館を訪問している身としては、訪問の記録として保存する目的もあるため持ち帰ることもしばしばだが、持ち帰ったものを再び持参して利用している利用者はいるだろうか。このように考えてみると、館内でしか使うことがないフロアマップを配布する意味はあまりないようにも思える。ではどのように提供するのがベストだろうか、という問いに答えられるのがこの事例だ。
　新居浜市立別子銅山記念図書館では、フロアマップを掲示している隣でA4判のハードケースに入れて持ち運べるようにしたものを提供している。ある程度の硬さがあるので、見ながら歩くにはちょうどいい。開館したばかりの図書館であれば印刷されたフロアマップはPRに有効と言えるが、市民が図書館になじみ、印刷したフロアマップが棚から減らないような状況になってきた場合は、ぜひこの方法を試してみてはどうだろうか。

撮影：岡本真
2015年11月26日

■新居浜市立別子銅山記念図書館　https://lib.city.niihama.lg.jp/
愛媛県新居浜市北新町10-1
Tel：0897-32-1911　Fax：0897-32-7007

読み聞かせも！
究極の宅配ボランティア

富士見町図書館
[長野県]

　富士見町図書館は人口1万5,000人ほどを抱える規模の自治体のなかで、17年連続で貸出冊数が県内ナンバーワンの町である。その実績を陰で支えるサービスの一つが、「宅配ボランティア」である。主な対象は交通手段がない高齢者だが、返却はもちろんのこと、希望すれば本を読み聞かせしたり、話し相手になったりすることもおこなっている。

　東西に細長く、北側に八ヶ岳、南側は入笠山に挟まれたこの地域で暮らす住民は、生活するにはどうしても駅や図書館がある周辺に集中している町の中心まで出ていく必要がある。同じ生活圏のなかでの助け合いだからこそ、自分の生活の動きのついでに参加できる図書館ボランティアが成立している点に注目した。このような生活に密着したサイクルで助け合えるような仕組みがもっと広がっていってほしい。

撮影：岡本真
2015年3月31日

■**富士見町図書館**　http://www.town.fujimi.lg.jp/site/library1/
長野県諏訪郡富士見町富士見3597-1
Tel：0266-62-7930　　Fax：0266-62-7611　　E-mail：fujimi@libnet-suwa.gr.jp

File 100

個人でもなれる
雑誌スポンサー

阪南市立図書館
［大阪府］

　雑誌スポンサー制度は、企業による地域貢献活動のための制度というイメージが強いが、阪南市立図書館では、個人でも雑誌スポンサーになれる制度設計になっている。特に市外在住の個人が雑誌スポンサーになった場合は、広告の掲載はもちろんのこと、利用者カードを発行してもらえるというメリットがあるとのことだ。

　大阪の南部に位置して、和歌山市のほうが圧倒的に近い位置にある阪南市では、いまのところ近隣自治体と相互利用協定を結んではいない。

図書館利用者は市内に在住もしくは通勤・通学する人に限られることから、隣接する自治体に住む住民にとって、このメリットは大きい。また、個人でもスポンサーになれるという選択肢を用意することで、地元に直接的に還元される寄付をしたいと考える人も増えるかもしれない。

　個人でもスポンサーになれる制度設計をおこなっているのは、いまのところ関西地域だけのようだが、すでに雑誌スポンサー制度を導入している図書館でも検討してみる価値はありそうだ。

撮影：岡本真
2015年1月30日

■阪南市立図書館　https://www3.city.hannan.osaka.jp/
大阪府阪南市尾崎町35-3
Tel：072-471-9000

図書館システム
座談会

吉本龍司［カーリル］
ふじたまさえ［カーリル］
岡本 真［アカデミック・リソース・ガイド］

「図書館システム座談会」と聞いて、私には関係ない、と思う読者が多いかもしれません。でも、ちょっと考えてみてください。リアルの場の「危ない」「使いづらい」はちょっとした工夫で解決できることも多い一方で、ウェブサービスやシステムに関する「使いづらい」はとても指摘しにくいのです。こうなったら使いやすいのに、と感じることがあってもシェアしづらいがために黙って飲み込んできた、という方も多いのではないでしょうか。この座談会では、カーリルのエンジニアである吉本龍司氏を招き、「図書館システム」に関することを中心に、これからの図書館への期待も込めて、ざっくばらんに話し合った様子を収録しています。「システム」という言葉に惑わされずに、もっと気軽にこれからのことを考えるきっかけになれば幸いです。

岡本 真 ● 各地の図書館の小さな工夫を紹介する「図書館100連発」（以下、「100連発」と略記）を始めて、これまで400の事例を取り上げてきました。いままでの「100連発」を踏まえたうえで、主に図書館システムをテーマに図書館の課題は何か、どういう方向に進んだらいいのか、カーリルのお二人と展望を語りたいと思います。

　図書館システムというと各図書館の蔵書管理に使われているOPACが主流ですが、カーリルはそれらを横につなげて、読みたい本が近くのどの図書館に蔵書されているのか、貸出状況はどうなっているかがすぐにわかる画期的なサービスを提供しています。さらに「Amazon」の在庫状況までわかるようにもしていて好評です。ちなみに、社名のカーリルは「借りる」をもじった造語です。

　図書館をより楽しく身近にする工夫を生み出すなかで、お二人は図書館のウェブサイトなどをたくさん見ていると思いますが、システム

図1　カーリル（https://calil.jp/）

やインターフェイスをどう見て評価しているのかを教えてもらいたいと思います。その前にまず、「100連発」を振り返ります。ふじたさんは担当して感じたことはありますか？

ふじたまさえ● 私は最近担当になったのですべての事例を読みましたが、図書館員のみなさんが「LRG」創刊号（2012年）の「図書館100連発」を読んでいて、そこを土台にそれぞれの館に合わせて発展させている事例が多いと思います。

岡本●「100連発」が横展開して広まったことは狙いどおりでした。地域ごとに工夫を受け継ぎながら、チューニングしてハイレベルなものになってきているという印象をもっています。図書館をよくするのは、ハコの建て替えやシステムの更新などの大きな話ではなく、日々のチューニングこそが大事だという点を伝えられているのではないかと自負しています。

　他方で、システム系の話題があまり取り上げられていないことは気になっていました。例えば、「検索のレスポンスが早い」「ランキング結果がきれいに表示される」というのは当然のことで評価が難しい。全体的なシステムの話になると蔵書管理から貸出管理、入館ゲート、ウェブサイトまで多岐にわたっていて、図書館員は「システムはわからないです」と一歩引いてしまう。でも、そういう方でも「Facebook」のアカウントはもっていたりして、十分にシステムの世界の住人なんだと思うんです。「Facebook」のアカウントでほかのサービスにもログインできますけど、それは10年前のウェブの常識からすれば想像

できないことだったわけですよ。個人がカジュアルに日々実践していることは「システムが作動している」と意識しないけれども、図書館のなかで予算や仕様書とともにシステムを考えようとすると、途端に硬く考えてしまう。

吉本龍司 ● 図書館システムの課題は小さな工夫が積み上げられていないところにありますし、そもそもそれができると思われていない点が問題ですね。いま動いている業務内のシステムがあり、そこから外れることを認められていないもどかしさがあるような印象です。一時期、図書館の非公式「Twitter」がありましたが、館内では様々な事情で言い出しにくいというのもあるんでしょうね。

でも僕はシステムのほうが小さい工夫をしやすいし、効果も見えやすく広がりも早いと考えています。例えば、図書館の書誌情報画面からカーリルに飛んだり、書影を表示する機能がほぼ全社の大手の図書館パッケージシステムに標準機能として入るようになったりしましたが、それらは直近の3、4年で全国に広まりました。

図2　横浜市立図書館の蔵書検索ページ（https://opac.lib.city.yokohama.lg.jp/opac/）

最近では、横浜市立図書館の蔵書検索画面の丸い「さがす」ボタン。検索ボックスが大きくなったんです。これは実はすごく大きな変化で、検索したい言葉をどこに入力すればいいのかわからない状況がずいぶん解消されました。そういう意味では、システム会社の開発担当者レベルでは、これまでにいろいろなチャレンジや模索があったはずです。ですが図書館の側はそれを評価してきたのでしょうか。ユーザーインターフェースの工夫はまだまだたくさんあるので、検索ボックスだけ

に注目した「100連発」でもおもしろいかもしれません。

岡本● 確かに以前はボックスがたくさん並んでいる詳細検索がデフォルトでしたが、那覇市立図書館のように簡易検索が主流になりました。詳細検索ばかりだった大学図書館の検索画面も、九州大学附属図書館のシングルボックスのようにだいぶ変化しました。

図3　那覇市立図書館の簡易検索（http://www.libsearch.city.naha.okinawa.jp/opac/wopc/pc/pages/TopPage.jsp）

図4　九州大学附属図書館のシングルボックス（https://www.lib.kyushu-u.ac.jp/）

吉本● ほかにも新しい取り組みで、結城市のゆうき図書館の「新着雑誌記事速報」や野田市立図書館の「在架なう！」があります。野田市立図書館で評価したいのは、とにかくユニークな書誌をHTMLでウェブにあげて、「Google」に拾われやすくしているところですね。

岡本● デジタルアーカイブも人気ですね。最近はクリエイティブ・コモンズ・ライセンス（以下、CCと略記）の方向になってきています。私も関わった例ですが、「せとうちデジタルフォトマップ」でも利用規約でCCに近い考え方を示しています。インターフェースも洗練されてきましたよね。「北摂アーカイブス」では市民フォトエディターとで

図5 ゆうき図書館の「新着雑誌記事速報」(http://lib-yuki.city.yuki.lg.jp/room_ad/sokuhou-blog.html)

図6 野田市立図書館の「在架なう！」(https://www.library-noda.jp/)

図7 「せとうちデジタルフォトマップ」(http://www.setouchi-photomap.jp/)

図8 「北摂アーカイブス」（http://e-library2.gprime.jp/lib_city_toyonaka/cms/）

も言える仕組みがあり、みんなで写真を持ち寄ったりしていて集め方がうまいのですが、例えば大正末期と現在の写真を比較して地域の歴史を一瞥でイメージできるようにしています。それに加えて、パーマリンクがつくようになってきたのもポイントです。

ふじた● 読書通帳や読書手帳もイノベーションと言えるのでしょうが、まさかそういう方向にくるとはという驚きもありました。

吉本● 開発会社から紹介されたときには思わず、「古くさいね」って言ってしまいました。図書館よりも腐ったシステムを使っているのが銀行です。皮肉ですよね（笑）。でも広がったわけですし、こういうものはもっと簡単に始められたはずなんですよね。

岡本● 読書通帳は私も不思議で、なぜオリジナルなものをつくらなくてはならないのか、という点がしっくりきていません。メーカーの邪魔をする気はまったくありませんが、読書通帳のブレイクは読書履歴管理ツールの普及から発想したと思うんです。それなら、歴史がある「ブクログ」に登録できるようにするのでもいいのではないかと思いました。

ふじた● 図書館がやるべきことは、入力の入り口をうまく提供していく「仕組みづくり」なんですよね。

岡本● 「リブライズ」もそうですけど、書籍にISBNさえついていればなんと

図9 「ブクログ」（http://booklog.jp/）

図10 「リブライズ」（https://librize.com/ja）

かなるはずなんです。ですから、通帳やシール式より、ISBNのバーコードだけ打ち出して「これを持って帰って家でピッとしてくださいね」でいいんじゃないかなと思います。本当に読書履歴を管理したい人からすると、通帳もつけてウェブで登録してだと手間が増えて困るのではないでしょうか。

吉本 ● 極端な話ですが、図書館でもオンラインストレージサービス、例えば「Dropbox」で蔵書目録のエクセルデータを共有できればいいんですよね。それ以上でも以下でもありません。それで、ほかのサービスのほうが安ければそれに切り替えればいい。

岡本 ● システムの仕様書を書いて調達して、1年がかりで導入して3年でメンテナンスして、という図書館の発想や循環はもはや古くて、デジタルアーカイブの分野ではすでに、写真の共有を目的にしたコミュニテ

ィーサイト「Flickr」（https://www.flickr.com/）を使ってCCで公開するのが世界的な流れですからね。大正期や昭和前期の歴史的な写真だけじゃなくて、いまの活動をそのまま写真画像としてアップしてすぐにダウンロードもできますし、取り込んですぐに利活用できるなど、様々な場面で汎用性が高い。デジタル変換以外は、既存のサービスでおおかたできてしまうんですね。乗り越えなくてはいけない壁は制度的にはあるにしても、小さな工夫を支えるのはこういった既存のサービスだと思っています。

ふじた ● データをアップするのが「危ない」と思うなら、図書館同士でデジタルコピーを増やしたりしてリスクを分散しておくといいのではないでしょうか。更新を忘れて手元のデータが全部消えても、みんなから集めれば復元できます。

岡本 ● そうですね。そこはもう思い切るだけでいいはずです。これまでは地域・町の資産だから厳重に管理しないといけないと思っていたものを、デジタル化してCCの表示をつけてウェブで公開して、みんなで共有管理するように意識を転換する必要があります。いま存在している自治体が消滅する可能性がゼロではないわけですし、そういった資産の管理を町の人々＝ユーザーの手元に広く委ねてしまうのもいいのではないでしょうか。だって、みんな「ウィキメディア・コモンズ」（https://commons.wikimedia.org/）にあがっている写真を使ってるわけですからね。

　話題としては「100連発」の域を超えますが、最近だと名刺のデジタル管理は一気に使い勝手がよくなっている印象があります。その流れで、データを預けたらアーカイブにしてくれるようなビジネスがあってもいいはずです。

吉本 ● 図書館はコミュニケーションを重視します。それ自体はいいことなのですが、コミュニケーションありきだとそれを支えるためのコストが大きくなることには自覚的であるべきです。みんながそれぞれに個別でやり始めて進んだほうが、結果的にコストも抑えられてコミュニケーションもできていいはずなんですよ。

岡本 ● それが「Flickr」や「ウィキメディア・コモンズ」の成功理由だと思

います。ほかだと、ニューヨーク公共図書館やアメリカ議会図書館は「とりあえず片隅に眠っている資料をアップしておこう」くらいの気持ちで画像を上げ始めたはずで、ふたを開けてみたらみんなが勝手にコメントをつけだして、ある種のクラウドが発生した。

吉本 ● デジタルアーカイブに関して言えば、ストレージ（データを保存するための仕組み）の安全性・完全性はあまり考慮されていなくて、図書館もその点を突き詰めて考えていません。

　図書館が本当に死守すべきデータを持っているとして、どういう体制をつくればそれを守れるのかを考えてみるといいと思います。先ほどふじたさんが言ったデータのリスク分散の話にもつながりますが、オフラインのハードディスクに保存してお寺に置いておく、みたいな判断をする図書館があってもおもしろいと思います。多様性こそが重要だということです。

岡本 ● 実際、自治体はデータセンター誘致ビジネスにはすごく熱心です。それとセットに進められたらおもしろいですね。インターネット・アーカイブもさしあたり世界3カ所に物理的に分散して保存してるわけですから。

　図書館インフラの話に戻ります。最近、私が図書館のコンサルタントをしていると、図書館の図面に「ここに検索端末を置きます」というのがよくあるんですが、それらは片っ端から消しています。書架の側面にタブレットでOPACを置くのも個人的には好きではありません。3年後に建つ予定の施設に、大きなパソコンは置かなくていいですよ。いまはみんな自分のスマートフォンでその図書館の所蔵をチェックしていますし、特に若い世代はパソコンというゴツい端末を普段見る環境が少なくなっています。もちろん、図書館がOPACの提供をやめるということではありません。そうではなく、図書館に来てスマホを立ち上げたら、図書館のWi-Fiにつながってそのまま図書館のサイトがロードされれば便利だなと思うんです。加えて、カーリルが提供しているように、マップ上でこのあたりに探している本があるというところまでナビゲートしてくれたらなおいいです。技術的にはそこまで難しいことではないと思っています。

ふじた ● 快適にWi-Fiを飛ばすのは実は相応のノウハウが必要で、それができていない図書館が多いのが現状です。図書館を訪ねて、それができているだけでも私は感動します。当たり前のように使うシステムは空気と同じで意識を向けることは少ないですが、でも当たり前のものとして使えるように整備するのはとても重要なことなんですよね。

岡本 ● Wi-Fiがあることそれ自体を「見える化」するのも重要で、よくステッカーを貼っていますが利用者は案外気がつかない。利用者には「図書館はWi-Fiを提供していない」という意識がそもそもありますし、実際に提供している図書館は全体の10分の1程度しかないのが現状ではないでしょうか。

吉本 ● なるほど。接続者数とトラフィック（ネットワークを流れる情報量）もわかるとなおいいかもしれない。

ふじた ● 確かに。それらの数が多いか少ないかで、図書館の混雑状況もわかりますよね。

吉本 ● 僕の持論なんですが、「トイレで快適にWi-Fiがつながるのがいい図書館」なんです（笑）。言い方を変えると、滞在型図書館はトイレでWi-Fiが使えるかどうかが評価基準の一つです。Wi-Fiは閲覧室だけで使える必要はないですよ。

岡本 ● 電源を開放することも大切です。いまのパソコンやスマホの電力消費量はかなり抑えられています。でも、どこの図書館でも利用を厳しく制限している。そこを全面的に改めて、「図書館はパワーステーションです」くらいのことを打ち出せば図書館を見る目も実際の使い勝手もガラリと変わります。これは小さな工夫でもあって、すぐに横展開できるモデルの一つです。

ふじた ● 利用者が、電源タップを寄付する仕組みをつくるのも手かもしれません。電源スポンサーを募集して電源タップに会社のロゴシールを貼れば、電源タップがグッズみたいに見えますし。

吉本 ● インフラとしての図書館の役割は昨今の貧困問題とも密接に絡んでいて、生活水準が下がったときにインターネットやスマホが日常からなくなるのは、現代社会で生きていくことが難しくなる一因になります。そこから生活水準がさらに下がるスパイラルに陥りかねません。そこ

を図書館が積極的にフォローする姿勢を示すのは、重要なことではないでしょうか。

岡本● それは「100連発」以前に図書館に実践してほしいことですね。インターネットの年代別利用数の実態を総務省が公表していますが、若い世代の割合がこの数年で微減していて、貧困問題としか考えられないのでとても心配です。

吉本● 図書館はフリースポットとしても開放すべきで、アメリカの図書館ではそれができていますし、日本でも取り組んでいってほしいと思います。

岡本● 図書館に勤めるみなさんも事務室で自分のスマホの充電をすることってないでしょうか？ 私はそれを一律に悪いと思いません。なんでもかんでも私的利用だからNGとすることが幸せでしょうか。それをダメだと言い始めると、アレもコレもダメになってしまいます。まずは図書館員が館内のインフラを自由に使えることを認める空気が必要で、それを全面的に踏み切る図書館が出たらぜひ「100連発」に入れたい。ただ、そこで止まってしまうようなことはせず、吉本さんやふじたさんが先ほど述べたような点こそ実践してほしいですけどね。

吉本● あと僕が大きな問題だと常々思っているのは、有害サイトフィルタリングソフト「i-フィルター」です。多くの図書館の公開端末や職員の端末にも、i-フィルターが入っています。これは、あからさまな検閲ですよね。図書館には解除の権限がなかったり、ログは別の部署がもっていたりする。日本のほとんどの図書館が検閲されている状況にある、という認識をしないといけません。

岡本● もちろん、ある種の「不適切」な閲覧もあるかもしれません。

吉本● でも、図書館の本来の性格を考えたときには、i-フィルターのほうが不適切だという認識を持ってほしいですよ。学校教育機関はi-フィルターを入れていいと思いますが、公共機関の図書館が学校と同じ発想でいいはずがない。僕は情報と図書館の付き合い方の基本にこのことがあると思うんです。「図書館の自由に関する宣言」の横に、「フィルタリングをしません宣言」を堂々と掲げてくれたら、僕もようやく図書館を信頼できる気がします。

岡本 ● 貸出機についてはどうでしょうか。返却仕分け機や全自動書庫は「技術もここまできたか」という印象ですが、自動貸出機こそスマホで解決できると思うんですよね。手に取った本で「いいな」と思ったら、自分のスマホでピッとすれば貸出処理になる。そのために、利用者カードをスマホのなかに入れるんです。リスクが出てくるのはわかるのですが、取り組んでみてほしい。

吉本 ● 利用者カードのプロトコル（ルール）や蔵書のバーコードがより自由につながるようになればいろいろな工夫ができるのですが、それらが図書館システムとセットになっていることが多いですよね。本来なら、「今月からスマホで借りられるようにしました」「利用者がいないから2カ月でいったん中止しました」というくらいのラフさでいいんです。いろいろな試みがあってしかるべきなのに、現実には「一大プロジェクトとして取り組んで、利用者がいなかったからこの先10年は手をつけないで現状維持していく」というように、すべてが「重い」感じがします。もっと小さいトライがたくさんあったほうがいいですよ。

　どんな組織にも「システムがわかるちょっとえらい人」がいて、なんでも統合して共通化したらコストが下がってサービスがよくなると勘違いしているものです。こういう人は早く消えてほしいですね。実際にはそういう話は幻想で、ITを基盤にするからこそバラバラにやって小さいシステムでみんな工夫してつなげていくほうがいいんです。日本の図書館はバラバラに様々なことを実践してきたからこそボトムアップできる余地がありますし、システム会社も多いのでぜひチャレンジしてほしいです。

岡本 ● 書誌情報にしても蔵書管理にしても、みんながOPAC的なものに入っている必要が本当にあるのかをいま一度見つめ直したほうがいいだろうということですね。例えば、小さな専門図書館はエクセルで蔵書一覧をつくっていることがありますが、利用者が右クリックで全件をダウンロードして自分で調べるほうがシステムを使うよりはるかに楽です。あと、茨城県のようにCSVできちんとオープンデータ方式で公開してくれれば、あとはやりたい利用者が自分の好みに合わせてデータを使いますよ。全件データを引き出せないOPACにはあまり意味が

ないと思います。

吉本 ● アメリカのOPACはウェブよりアプリ化が進んできたんですが、何がいちばんウリだったかというと、書店に行ってスマホでISBNを読み取ると図書館にあるかどうかがわかるというのがキラーコンテンツでした。ニューヨークやサンフランシスコの市立図書館ががんばっているのですが、タブレット版への対応やOSのバージョン変更に関するトラブルなどで一世代遅れになっています。少なくともアメリカのトレンドもちょうど過渡期だなと感じていて、そういう意味では、カーリルの「Unitrad API」のような取り組みも含めて2016年現在は日本のほうが圧倒的に最先端だと思います。

図11　カーリルの「Unitrad API」（http://blog.calil.jp/2016/04/unitrad.html）

岡本 ● 私の立場からすると「Google」の各種サービスにもっとさわってほしいです。

ふじた ● 例えば、図書館も「Googleドキュメント」をもっと活用してほしいですね。あと、自治体のサイト内検索も最近はほぼ「Google」に置き換わって便利になっていますし、そのあたりも見直してみてほしいです。

岡本 ● 「Google」にインデックスされていないとしたら、そのために何をどのように供給していくか、図書館は考えていくべきですね。私が伝え

たいのは、利用者がカジュアルに接しているインターフェースに合わせてほしいということなんです。これからは利用者目線の図書館システム「100連発」が出てくることを期待しています。

図書館系業務実績一覧

※以下、アカデミック・リソース・ガイドが関わった事業です。
※2017年4月現在の実績です。
※業務を請け負った年度の早い順に並べています。

● 主要実績一覧

富山市 西町南地区公益施設整備事業（富山市立図書館）(2012年度―2013年度) ※2015年開館
京都府立総合資料館統合データベースシステム仕様検討 (2012年度) ※2015年公開
恩納村文化情報センター整備事業 (2012年度―2014年度) ※2015年開館
新瀬戸内市立図書館整備事業 (2013年度―) ※2016年開館
宮城県図書館による震災アーカイブ構築事業 (2013年度) ※2015年公開
長崎県 県立・大村市立一体型図書館及び郷土資料センター（仮称）整備基本計画策定支援
 (2013年度)
須賀川市（仮称）市民交流センター整備事業基本計画策定支援 (2013年度―) ※2018年開館予定
名取市 新図書館建設に係るアドバイザー (2014年度―) ※2018年開館予定
気仙沼図書館災害復旧事業・気仙沼児童センター整備支援 (2014年度―2015年度) ※2018年開
 館予定
港区芝5丁目複合施設等整備基本構想策定支援 (2014年度―2015年度)
港区芝5丁目複合施設整備基本設計支援 (2016年度)
日出町新図書館建設計画支援 (2014年度) ※2015年開館
山口市立図書館デジタル化調査研究支援 (2014年度)
山口市立図書館新サービス計画策定支援 (2015年度)
沖縄市立新図書館建設推進支援 (2015年度) ※2017年開館
和歌山市民図書館基本計画策定支援 (2015年度)
長与町新図書館整備計画策定支援 (2015年度―2016年度)
千代田区図書館システムリプレースコンサルティング (2015年度)
別府市図書館・美術館整備基本構想策定支援 (2016年度)
境港市民交流センター（仮称）新築工事基本設計支援 (2016年度)
富谷市次世代型図書館づくりに向けた市民参加ワークショップ事業 (2016年度)
西ノ島町コミュニティ図書館基本計画・基本設計・実施設計策定支援 (2016年度―)

●その他・代表スタッフへの委員などの委嘱実績ほか
総務省デジタル資産活用戦略会議ウェブ情報利活用ワーキンググループ構成員（2004年度）
神奈川県立図書館アドバイザー（2007年度、2013年度）
東京都立図書館協議会委員（2009年度―2010年度、2011年度―2012年度、2017年度―2018年度）
国立国会図書館デジタル情報資源ラウンドテーブル（2009年度―2011年度）
総務省関東総合通信局地域住民参加型デジタルアーカイブの推進に関する調査検討会
　　　（2010年度）
神奈川の県立図書館を考える会（2012年度―）
総務省地域情報化アドバイザー（2012年度―）
総務省ICT地域マネージャー（2013年度―2015年度）
総務省「東日本大震災アーカイブ」ラウンドテーブル 構成員（2012年度）
佐賀県これからのまなびの場のビジョン検討懇話会（2013年度―2014年度）
埼玉県新県立図書館在り方検討有識者会議（2014年度）
須賀川市市民交流センター管理運営協議会アドバイザー（2016年度―）
静岡県立中央図書館整備の検討に関する有識者会議委員（2016年度）

あとがき

岡本 真／ふじたまさえ

 『図書館100連発』はいかがでしたでしょうか。これまでに「LRG」で紹介した400事例からの厳選した100事例からは、様々なまなびがあったのではないでしょうか。ちなみに、400事例から100事例への絞り込みにあたっては、弊社のスタッフ内での投票、ならびに「Facebook」上でのアンケートに基づいています。また、本書の校正にあたっては、敬愛する学校図書館司書である田子環さんに多大なるご助力をいただきました。またえり抜いた100事例については、ライターの森旭彦さんが手を入れてくれました。田子さんと森さんに心から感謝します。このようにして編まれた100の事例からのまなびが、これからの未来の図書館づくりに生かされれば幸いです。

 さて、「図書館100連発」はそれを編んでいる私たちの力でできあがっているものではありません。私たちはいうなれば目利きの役割、あるいは水先案内人の役割を務めているにすぎません。実際にこの「図書館100連発」を成り立たせてくれているのは、いまこの時間も明日の図書館をどうしていこうか、そう思いをめぐらし、実際に手を動かしている全国の図書館関係者の尽力です。原則的にアポイントをとらず、あえて突然の訪問をしている私たちを快く迎え入れ、様々な取り組みについて熱心に説明してくださる図書館関係者のみなさまには心からお礼を申し上げます。また、ときとして不可とされがちな写真撮影をご許可くださることにも感謝します。

 同時に一つ、苦言を述べたいと思います。残念ながら写真撮影を許していただけない図書館も少なからず存在します。もったいないと思いませんか？ べつに「紹介してやるんだ！」という目線に立っているつもりはありません。しかし、せっかくの取り組みが広く知られる機会を逃すことは……。なによりも自分たちの取り組みが日本中の図書館に伝播して、各地で小さくても将来の大きな一歩につながるかもしれない工夫や改善が広まらないということは……。写真撮影が不可と判断されるケースは様々なのですが、これまでもっとも多かったのは責任者が不在だから判断できない、です。これは事前に館内で協議して、ルール化しておけばすむ話です。ぜひこの機会に図書館内での撮影について、フラッシュは禁止、被写体に同意を得ていない人物を含めないといった観点を中心にした撮影ルールの見直しを考えてくれる

図書館が増えればと思っています。

　いま、広がらないのはもったいないと記しましたが、これは「図書館100連発」の根源の思いです。新たに開館したばかりの真新しい図書館だけがすばらしいわけではありません。建物は老朽化していても、その中身は燦然と輝く図書館は少なくありません。また、すべてが素晴らしい図書館は、そう多くはないかもしれません。しかし、この一点は誇れるという図書館は数多くあるはずですし、日本全国で1,500以上の図書館をめぐってきた私たちはそう断言できます。ぜひ、自分たちの取り組みを発信し共有していきましょう。図書館法の第3条にこういう一文があります。

　　「他の図書館、国立国会図書館、地方公共団体の議会に附置する図書室
　　及び学校に附属する図書館又は図書室と緊密に連絡し、協力し、図書館
　　資料の相互貸借を行うこと」

　図書館は互いに協力しあうことを前提とした機関です。また図書館同士はただ競い合うだけの関係ではなく、協調・協力しあう関係でもあります。自分たちが取り組んでいることは大したことではないと思っているかもしれません。しかし、その取り組みの価値を決めるのは取り組んでいる方自身ではありません。第三者が評価してその価値が決まるのです。であればなおのこと、自己評価の高低とは関係なく、様々な取り組みを持ち寄り、分かち合いましょう。それが「図書館100連発」なのです。

　そして、「図書館100連発」は決して私たちの専売特許ではありません。実はすでに数多くの地域でその地域内での「図書館100連発」をつくる取り組みがおこなわれています。ぜひ、みなさんも自分たちの地域やコミュニティーのなかで様々な「図書館100連発」を生み出していってください。その切り口が多様であればあるほど、それだけ図書館の可能性は広がるのですから。

　と同時に、「図書館100連発」といった取り組みだけに閉じこもらないようにしてほしいとも願っています。いま図書館には大きな風が吹いています。

向かい風もあれば、追い風もあります。この状況のなかで一つ明確に言えるのは、図書館の役割がいま改めて問われているということです。私たちは、図書館は「知的創造」の拠点であり、そうなり続ける努力を怠ってはいけないと考えています。それが「未来の図書館」です。このような図書館を実現していくためには、「図書館100連発」のような地に足が着いた取り組みも確かに大事です。ですが、それだけで十分とは言えません。「図書館とは何か」を不断に問い返し、その実現に向けての挑戦も欠かせません。

「神は細部に宿る」("God is in the details") という言葉があります。この言葉は「図書館100連発」の意味を示す最適な言葉の一つです。ですが、細部だけに専心して、そこに閉じこもってしまってはいけないのです。明日の図書館、未来の図書館はどうあるべきか、そしてそれをどう実現していくのかという大きな物語を紡ぎ出す営みも欠かせないのです。部分と全体と、あるいは小さな物語と大きな物語と、その両方がバランスよく対をなすことが必要です。"Think Globally, Act Locally" という有名な標語がありますが、同じことがいま図書館には求められています。足元を見るだけではいけません。大きく考えるだけでもいけません。大きく考え、手元で実現するという営為がいま求められているのです。

　このことを決して忘れずに、「図書館100連発」という取り組みに挑んでいただければ幸いです。

[著者略歴]
岡本 真（おかもと・まこと）

アカデミック・リソース・ガイド代表取締役、プロデューサー。ヤフーで「Yahoo!知恵袋」などのプロデュースなどを担当して2009年に起業し、現在に至る。日本各地で文化施設のプロデュースに関わる。著書に『未来の図書館、はじめませんか？』（青弓社）、『ウェブでの〈伝わる〉文章の書き方』（講談社）、共編著に『ブックビジネス2.0』（実業之日本社）ほか

ふじたまさえ

アカデミック・リソース・ガイド、ディレクター。図書館情報大学卒業。公共図書館などを経て2011年4月から現職。12年6月より、図書館蔵書検索サイト「カーリル」を運営する会社の取締役に就任。15年1月から雑誌「ライブラリー・リソース・ガイド（LRG）」（アカデミック・リソース・ガイド）の制作に携わる

図書館100連発

発行	2017年5月31日　第1刷
定価	1800円＋税
著者	岡本 真／ふじたまさえ
発行者	矢野恵二
発行所	株式会社青弓社
	〒101-0061 東京都千代田区三崎町3-3-4
	電話 03-3265-8548（代）
	http://www.seikyusha.co.jp
印刷所	三松堂
製本所	三松堂

©2017
ISBN978-4-7872-0063-1 C0000

岡本 真／森 旭彦
未来の図書館、はじめませんか？

市民と行政、図書館員が日々の小さな実践を通して図書館の魅力を引き出す方法や、発信型図書館をつくるためのアイデアを示して、地域を変えて人を育てる「未来の図書館」への道を照射する刺激的な提言の書。　定価2000円＋税

大串夏身／鳴海雅人／高野洋平／高木万貴子
触発する図書館
空間が創造力を育てる

新しい知識と情報を創造し発信する、ネット時代にふさわしい図書館を作ろう！　建築家のアイデアと新しい図書館運営技術を活用した空間・サービスとをイラストと解説文で提案し、刺激的なメッセージを発する。定価2000円＋税

大串夏身
挑戦する図書館

知的な創造に役立つ社会的なインフラとしての図書館は、いま何を考え実践すべきなのか。本・知識・情報がもつ内容とサービス、住民福祉を増進するための寄与、読書の推進と役割、などを検討し、施策を提起する。定価2000円＋税

小川 徹／奥泉和久／小黒浩司
人物でたどる日本の図書館の歴史

佐野友三郎、浜畑栄造、田所糧助、韮塚一三郎、森博──日本の図書館の草創期に、苦闘を重ねて「開かれた図書館」づくりに邁進した5人の業績を丹念にたどり、公共図書館が市民生活に及ぼした意義と成果を描く。定価8000円＋税

広瀬浩二郎／小山修三／中牧弘允／原 礼子 ほか
さわって楽しむ博物館
ユニバーサル・ミュージアムの可能性

視聴覚障害者や子どもたちなど、誰もが展示物にさわって工芸品や美術品を味わえる博物館＝ユニバーサル・ミュージアムを実現するためのアイデアを事例をあげながら考察して、新たな博物館像を大胆に提案する。　定価2000円＋税

宮下明彦／牛山圭吾／大串夏身／西入幸代／茅野充代 ほか
明日をひらく図書館
長野の実践と挑戦

公共図書館と学校図書館の意欲的な取り組みや地域の読書運動などが人を支え育てている長野県の生き生きとした活動の成果をレポートし、県を超えた普遍的な経験・教訓として、図書館の豊かな可能性を指し示す。　定価2000円＋税

吉井 潤
29歳で図書館長になって

若い館長が、「人・もの・金」を確保して生き生きとしたサービスを提供するにはどうしたらいいのか、これまでの殻を打ち破る大胆な施策を具体的に提案して、利用者に身近な情報拠点作りを呼びかける。　　定価2000円＋税

阿濱茂樹
図書館と情報モラル

多様なメディアを活用する図書館の現場で、図書館員は情報モラルをどのようにして身につけて利用者に広めていけばいいのか。情報を適切に扱い、読み解くメディアリテラシー能力を学び／教えるためのテキスト。　定価2000円＋税

瀬畑 源
公文書をつかう
公文書管理制度と歴史研究

国民共有の知的資源である公文書。知る権利や説明責任を保障し、記憶や記録を未来に伝えていく必要性が求められているいま、公文書管理法の制定過程をていねいに検証し、公文書管理制度の今後を展望する。　　定価2600円＋税

小黒浩司
図書館をめぐる日中の近代
友好と対立のはざまで

満鉄図書館などの設立過程をたどり、日本の図書館関係者が果たした役割——和製漢語「図書館」が中国で使われているような友好親善と、表裏の関係としての文化侵略という両面から、日中間の図書館の近代を描く。定価3600円＋税

大串夏身
これからの図書館・増補版
21世紀・知恵創造の基盤組織

地域の情報拠点・読書施設であり、各県の知的遺産保存など地方自治の中心として重要な役割をもつ県立図書館は、インターネット時代に対応したサービスを徹底し、住民の参加によって運営されるべきだと提言する。定価2000円＋税

大串夏身監修　小川三和子
読書の指導と学校図書館
学校図書館学 2

ネット全盛のいま、読書の推進と指導の必要性を改めて理解し直し、その実践のために学校司書・司書教諭や各教科の担当教員が、そして学校全体が、独自に／他の図書館と連携して何ができるのかをレクチャーする。定価1800円＋税

大串夏身監修　渡邊重夫
学校経営と学校図書館
学校図書館学 1

司書教諭や学校司書をはじめとする学校図書館を担う「人」の問題、子どもの学習と読書を支える学校図書館の存在意義、学校図書館機能の変遷の歴史をわかりやすく解説し、学校図書館のより深い理解を促す。　　定価1800円＋税

高橋恵美子
学校司書という仕事

児童・生徒が学校図書館を利用して「自分で課題を見つけて、学び、考え、主体的に判断して、問題を解決する力を育てる」サポートをする学校司書という仕事の重要性を、具体例を紹介しながら詳しくガイドする。　定価1600円＋税

渡邊重夫
学校図書館の対話力
子ども・本・自由

子どもの創造性と自主性を培い、批判的精神を育てる学校図書館。その教育的意義や歴史を再確認し、外部の力学からの独立を訴え、特定の図書の閉架や「焚書」の検証を通して、対話力を備えたあり方を提言する。定価2000円＋税